Juan Pablo II

El santo que caminó entre nosotros

Juan Pablo II

El santo que caminó entre nosotros

Hannia Novell

EDICIONES URANO
Argentina — Chile — Colombia — España
Estados Unidos — México — Uruguay — Venezuela

1ª edición: Diciembre, 2014.

© 2014 *by* Hannia Novell
© 2014 *by* EDICIONES URANO, S.A. Aribau,142, pral.—08036, Barcelona
EDICIONES URANO MÉXICO, S.A. DE C.V.
Avenida de los Insurgentes Sur #1722, 3er piso. Col. Florida. C.P. 01030
Álvaro Obregón, México, D.F.

www.edicionesurano.com
www.edicionesuranomexico.com

ISBN: 978-607-9344-57-3

Fotocomposición: Marco Bautista

Créditos de Fotos e Imágenes:
Imagen Introducción: Biblioteca del Congreso de Estados Unidos.
Foto Cap. 1: PaolikPhoto / Shutterstock.com.
Foto Cap. 2: Shutterstock.com.
Imagen Cap. 3: Irene León.
Imagen Cap. 4: Irene León.
Foto Cap. 5: Shutterstock.com.
Foto Cap. 6: Philip Chidell / Shutterstock.com.
Imagen Epílogo: Biblioteca del Congreso de Estados Unidos.

Impreso por Imprimex. Antiguo Camino a Culhuacán No. 87, Col. Sta. Isabel Industrial, Iztapalapa, México, D.F., 09820.

Impreso en México — *Printed in México*

ÍNDICE

La reportera y el Santo

Prólogo de Sergio Sarmiento

Mi primer recuerdo de Hannia Novell procede de los años noventa. Ella era una joven reportera de un programa de nota roja llamado *Ciudad desnuda*. Yo, el vicepresidente de noticias de TV Azteca que había impulsado ese polémico programa.

Una tarde vi en la pantalla a una atractiva chica perseguir con un micrófono en la mano a un hombre que había tratado de asaltar un camión de carga en una carretera. Un camarógrafo se esforzaba por mantener el paso de la reportera. La policía había sido advertida del asalto y perseguía también al delincuente. Cuando éste fue atrapado e inmovilizado en el suelo, la reportera llegó jadeante con su micrófono y, sin dudarlo un momento, empezó a entrevistarlo. Hannia Novell entró en mi vida así, con un gran impacto.

La nota era un ejemplo de cómo hacer un reportaje de televisión, con movimiento y entusiasmo, con imagen oportuna e inteligencia, con mucha valentía. El programa pronto dejó de salir al aire pero no por falta de público, ya que tenía una vasta audiencia, sino por el hecho de que las televisoras llegaron a un acuerdo con el gobierno para retirar los programas de nota roja.

Mi convicción de que los mejores periodistas surgen de la información policial, sin embargo, se vio ratificada. Hannia era una periodista de enorme valor y talento a la que podía augurársele una brillante carrera. Además tenía una sonrisa maravillosa que hipnotizaba.

Muchos años han pasado desde ese momento en que por primera vez la vi. Los pronósticos resultaron correctos e incluso se quedaron cortos. Se convirtió en una magnífica reportera, de temas muy diversos, y siguió dando muestras de su valentía. Insistió mucho, por ejemplo, hasta que logró ser corresponsal de guerra. La experiencia, me parece, la maduró de una manera importante. Con el tiempo se convirtió en conductora titular del noticiario estelar de Proyecto 40.

No es solamente valiente. Es una reportera meticulosa y profesional. Su trabajo lo hace siempre a la perfección. Por eso el Foro Económico Mundial la reconoció como una *Young Global Leader*, distinción que pocos periodistas han logrado.

Su decisión de ofrecernos *El santo que caminó entre nosotros*, una biografía del Papa Juan Pablo II, con atención especial a sus viajes a México, sorprende por el detalle que surge tanto de una investigación a profundidad como de experiencias personales obtenidas en su trabajo periodístico.

Hannia ofrece una narración que atrapa. Entiende la importancia del detalle. Nos recuerda, por ejemplo, que el Papa Juan Pablo II fue multado en su primera visita a México porque todavía era ilegal vestir hábitos religiosos en lugares públicos. Nos cuenta las diferencias entre el Presidente José

López Portillo y su Secretario de Gobernación, Jesús Reyes Heroles, en torno a la visita papal. Con esa misma atención evoca esa frase tan mexicana del pontífice en su último adiós a México, cuatro viajes después: "Me voy pero no me voy."

Hannia Novell aporta en este volumen un recuento bien hecho, como los que siempre ha realizado, pero también lo que parece un tributo personal. Es claro el respeto y la admiración con el que trata la figura de Juan Pablo. Ni siquiera esta periodista ha quedado exenta de la seducción del sacerdote de Cracovia.

A dos décadas de haberla visto por primera vez perseguir a un delincuente con un micrófono en mano, hoy sigo sintiendo una gran admiración por ella, por esa mujer que se ha distinguido tanto en las pantallas, y que nos entrega ahora una cualitativa obra de periodismo escrito. Siempre me ha quedado claro que para ella, el trabajo periodístico es una verdadera vocación. Este retrato del Papa viajero lo demuestra una vez más.

INTRODUCCIÓN

Me propuse seguir los pasos del papa Juan Pablo II para así observar la historia del planeta durante el último siglo desde un punto de vista humano. Desde la perspectiva de un hombre preparado por Dios para ser elegido por la Iglesia.

Reza un antiguo refrán que "solo no eres nadie" y así lo creo. Es por eso que a través de la historia los seres humanos hemos buscado estar o pertenecer a algo, un grupo, una familia, una sociedad, una religión.

Karol Josef Wojtyla, conocido como Juan Pablo II desde su elección al papado en octubre de 1978, no sólo fue testigo de los acontecimientos que determinaron el rumbo de la humanidad, sino que fue actor protagónico en muchos de ellos, al grado de que hoy no puede entenderse al mundo sin su legado.

Nació en Polonia, un país que fue objeto de disputas encarnizadas entre Rusia, Austria y Prusia. En un discurso ante la Organización de las Naciones Unidas para la Educación, la Ciencia y la Cultura (UNESCO) en París, el 2 de junio de 1980, se autodefinió como "hijo de una nación que ha vivido las más grandes experiencias de la historia, a la que sus vecinos han condenado a muerte en diversas ocasiones, pero que ha sobrevivido y ha seguido siendo ella misma".

Era el menor de los tres hijos de un matrimonio humilde. Su niñez fue feliz y normal. Siempre destacó como un excelente alumno; como un deportista nato aficionado al alpinismo, al esquí y al kayak; y como un artista amante del teatro y de la poesía.

En su época universitaria sufrió en carne propia la ocupación nazi y luego la soviética. Fue en ese periodo cuando descubrió su vocación sacerdotal y se entregó a ella, pese al riesgo que implicaba el estudio de la Teología.

Y así inició una carrera meteórica: A los 26 años se ordenó sacerdote; a los 38 fue consagrado obispo; a los 42, arzobispo; y a los 47, cardenal. Fue elegido sucesor de San Pedro cuando tenía 58 años, convirtiéndose en el Papa más joven del siglo XX.

Fue uno de los líderes mundiales más viajeros de la historia. Visitó ciento veintinueve países durante su pontificado y dominó los idiomas italiano, francés, alemán, inglés, español, portugués, ucraniano, ruso, croata, esperanto, griego antiguo y latín, así como su natal polaco.

El gran objetivo de su pontificado fue posicionar a la Iglesia como faro y guía del mundo contemporáneo. Y para ello impulsó una nueva evangelización que ponía especial atención en los marginados y los desfavorecidos; además, fomentó el ecumenismo mediante el diálogo y el encuentro con las demás iglesias.

Asumió la defensa de la dignidad de la persona, de los derechos humanos y el impulso de la justicia social como tareas fundamentales de la Iglesia. Condenó enérgicamente la guerra y la carrera armamentista a la vez que promovió la mediación como única vía para la solución de los conflictos.

Durante los 26 años y cuatro meses en los que fue cabeza de la Iglesia Católica, Juan Pablo II presenció el inicio de la guerra entre Irak e Irán; la guerra de Las Malvinas; el asesinato de Indira Gandhi; el nacimiento del primer bebé de probeta; la catástrofe nuclear de Chernobyl; la creación de la píldora "del día siguiente"; la represión y matanza de la Plaza de Tian'anmen; así como la caída del muro de Berlín y la reunificación alemana.

También la liberación de Nelson Mandela y la abolición de las leyes Apartheid en Sudáfrica; la Guerra del Golfo; la creación de la Unión Europea; el nacimiento de Dolly, la primera oveja por clonación; la muerte de la Madre Teresa de Calcuta; los ataques terroristas al World Trade Center; la guerra de Afganistán y la invasión de Irak, entre otros muchos acontecimientos.

De la misma forma, tuvo que enfrentar los retos de la sociedad moderna: el narcotráfico, el VIH-Sida, el terrorismo, el aborto, el divorcio, el hambre, la manipulación genética, el consumismo, los abusos del capitalismo y el individualismo.

Por ello, seguir sus pasos es revisar la historia. Es verla por medio de los ojos de un hombre que irradiaba luz. Es analizarla desde la perspectiva de Dios, ya que él era "la imagen de Dios a través de un hombre".

CAPÍTULO 1

DE WADOWICE A ROMA

El corto camino a la Iglesia

Wadowice es un pueblo pequeño en el sur de Polonia, a 50 kilómetros de Cravovia, aquí nació Karol Józef Wojtyla el 18 de mayo de 1920. Todo en ese lugar lleva a Juan Pablo II.

La ciudad por la que camino está situada cerca de las faldas de los montes Tatras. Recorro sus calles en compañía del padre Pawel Daneck, quien conoce a todos los pobladores. No deja de contarme historias, que acaban cuando me enseña la casa con el número siete de la calle Kościelna, antes conocida como la calle Rynek. Es un inmueble pintado de blanco, como muchos otros del lugar. Se emociona cuando me explica que era ésa la casa de la familia Wojtyla. Por aquel entonces, la economía del pueblo de Wadowice se cimentaba en la agricultura; sus casas estaban edificadas con sencillez y, en los días de mercado, la plaza central se llenaba de energía y júbilo. Por otra parte, existían dos bibliotecas públicas, un teatro y un instituto de enseñanza media. Tampoco hay que olvidar otros edificios importantes, como el del ayuntamiento y el hospital.

En la primavera de 1920 la tierra polaca se recuperaba con lentitud de las cicatrices que había dejado la prolongada guerra e inauguraba un sentimiento de libertad como pueblo. Ahí, en ese humilde hogar, un joven matrimonio se preparaba para celebrar la llegada de su tercer hijo a quien nombrarían Karol Joséf y quien habría de convertirse en el papa Juan Pablo II.

El pequeño fue bautizado el 20 de junio en la parroquia de Santa María, que se construyó en el siglo XIV; sin embargo, a causa de un incendio en 1430, el presbiterio tuvo que ser reconstruido. Después, en 1791 se reemplazó el viejo edificio de la Basílica por uno de tres naves. Su hogar, se ubicaba exactamente al lado. "Desde niño, el Santo Padre tuvo el camino muy corto a la Iglesia", me comenta el sacerdote.

La casa pertenecía a Chaim Balamuth, un comerciante judío que se dedicaba a la cristalería. La había construido con ladrillo recubierto. Tenía dos habitaciones y una cocina de azulejos amarillos con fogón de hierro, además de un patio central.

En esa casa vivió la familia del Santo Padre. De tal forma que, después de haber sido elegido Papa en 1978, ésta se convirtió en un lugar de peregrinación, pero no fue sino hasta 1984 cuando la transformaron en museo y se instauró la primera exposición permanente en la que se conservan muchos de los objetos que les pertenecieron, como zapatillas, anteojos, fotografías familiares. Una de ellas llama mi atención: es de una hermosa joven de cabello y ojos oscuros en los que se nota tristeza. Emilia Kaczorowska, madre de

Karol, era una mujer muy de la época, por lo que se puede ver en las fotos. Fue hija de Feliks Kaczorowska, un tapicero de Cracovia, y de María Anna Scholz, para quienes la familia y la casa siempre eran lo primero en la vida.

Leí que Emilia tuvo una salud delicada desde pequeña, y estuvo bajo vigilancia médica la mayor parte de su vida. Tenía continuos mareos, dolores de espalda y desmayos, por lo que debía reposar. Con el paso del tiempo su salud se deterioró aún más a causa de las condiciones en las que vivían, a tal grado que sufrió una parálisis en las piernas. Incluso así ayudaba al sustento de la familia con su trabajo como costurera.

Su padre, también llamado Karol, fue hijo de labriegos provenientes de la aldea Czaniec. Nació en Lipnik, donde estudió hasta el tercer grado de bachillerato. También trabajó como aprendiz de sastre. Sin embargo, dejó los estudios y la sastrería para enlistarse en el ejército austrohúngaro y servir al emperador Carlos I de Austria en el 12° Regimiento de infantería. Luego de tres años en la Academia de Infantería, y tras haber alcanzado el grado de sargento, abandonó la milicia. Regresó al pequeño Wadowice para trabajar en la administración municipal. Era un hombre interesante, de porte militar, mismo al que nunca renunció. Un hombre respetable, reservado y muy disciplinado. "Era tan exigente consigo mismo que no tuvo que serlo con relación a su hijo. Su ejemplo bastaba para enseñar la disciplina y el sentido del deber", dijo Karol alguna vez, refiriéndose a la personalidad de su padre.

Este matrimonio sufrió la pérdida de su única hija, Olga. Su muerte sigue siendo un misterio, ya que no se sabe si la niña nació sin vida o murió pocos días después del parto.

Además, no hay un registro de su fe de bautismo o una tumba con su nombre; la única prueba de su existencia son los recuerdos de las personas que conocieron a los Wojtyla en aquel tiempo. Más tarde, la pareja procreó a otro hijo, Edmund, hermano mayor del Santo Padre.

El benjamín de la familia Wojtyla fue Karol, al que cariñosamente llamaban Lolek. Era un niño inquieto y alegre, muy rubio y se parecía a su madre. Lo sé por las fotografías de la casa-museo.

A pesar de las carencias que había en el hogar, la niñez de Lolek transcurrió con normalidad. Con su mejor amigo de la infancia, Jurek, de origen judío, iba a nadar al río Skawa todos los veranos; en invierno, una vez que las bajas temperaturas congelaban el campo de tenis del bar Venezia, patinaban y jugaban hockey con palos, como si fueran bastones. Los dos niños disfrutaban de la vida, se divertían y hacían travesuras.

El padre Roberto Necek, actual vocero del Arzobispado de Cracovia, me confiesa que el joven Lolek no obedecía a las monjas que estaban a cargo del colegio al que asistía, por lo que con frecuencia era castigado. Cuenta que, tiempo después, ya como cardenal, Karol Wojtyla volvió al colegio y preguntó por la monja que lo mandaba al rincón del salón como castigo por sus pequeñas fechorías. La religiosa, Filotea Kuzash, se presentó ante él y, al percatarse de que aquel que fue su alumno, ahora regresaba convertido en un prelado de la Iglesia, se disculpó con él. "No tiene por qué pedir perdón. Mire, señora monja: lo hizo por mi bien. Usted alejó esa maldad y me hizo la vida más fácil", así respondió quien llegaría a convertirse en el "Papa viajero".

Al caminar por las calles de Wadowice llegamos a un pequeño establecimiento que funciona como panadería y fuente de sodas a la vez. El padre Daneck me cuenta lo mucho que le encantaban los postres al joven Karol, pues, después de la escuela, iba a una dulcería, no muy diferente a la que visitamos, y compraba los pasteles de crema conocidos como *kremówka*, un bizcocho parecido al pastel mil hojas. En la actualidad éste es famoso en toda la región por haber sido el preferido de Lolek durante su infancia y con el que realizaba competencias para saber quién podía comer más en el menor tiempo posible.

Con el paso de los años, Karol dejó poco a poco las travesuras de niño y mejoró su trabajo académico. Gracias a su mente aguda y crítica, no le costaba trabajo obtener las mejores calificaciones, aunque en historia, física y química sólo conseguía un "Bien", en lugar de "Muy bien". El párroco de la Iglesia de Santa María, Edward Zacher, se ufana de haber sido el primer profesor de religión de Lolek. Y cuando pregunto sobre la personalidad de su alumno, él me cuenta que era un estudiante con liderazgo, el más joven de los monaguillos y terminó por mandarlos en lugar de dejarse mandar. Años más tarde, esta pequeña anécdota la enriqueció el mismo Juan Pablo II:

Hacia los 10 o 12 años de edad, yo era monaguillo, pero debo reconocer que no era muy asiduo. Mi padre, habiéndose dado cuenta de mi indisciplina, me dijo un día, "no eres un buen monaguillo. No le rezas lo suficiente al Espíritu Santo. Debes rezarle más". Y me enseñó una oración. No la he olvidado. Fue una lección espiritual mayor, con más fuerza y de una duración mayor que todas las que haya podido sacar a consecuencia de mis lecturas o de las enseñanzas que he recibido. ¡Con qué convicción me hablaba mi padre! Aún hoy resuena su voz dentro de mí. Fruto de esa lección recibida en mi infancia es la encíclica acerca del Espíritu Santo.

Cuando el pequeño Lolek tenía nueve años sucedió lo inevitable, su madre murió de un ataque al corazón por sus precarias condiciones de salud, mientras él se encontraba en la escuela. Emilia Kaczorowska partió el 13 de abril de 1929, apenas a los 45 años de edad. Este hecho dejó una huella imborrable en él, y diez años después, escribiría un poema para ella, quizá el primero del que se tiene registro:

Sobre tu tumba blanca
blancas flores llenas de vida.
Oh, cuántos años ya se han ido
sin ti, ¿cuántos años?
Sobre tu tumba blanca,
oh, madre, mi extinguida amada,
para un hijo todo amor,
sólo una plegaria:
reposo eterno.

Desde ese momento, Karol cuidó de sus hijos con ternura y devoción. Él se encargó de brindarles una buena educación, cocinaba y hasta lavaba la ropa. Fue una transición dura para la familia Wojtyla. Padre e hijos mantenían una estrecha relación. Pero en diciembre de 1932, otra tragedia abatió a la familia. Edmund, quien daba por terminados sus estudios de Medicina y realizaba su primer año de práctica, murió a los 26 años.

Sus familiares le llamaban Mundek, era deportista, guapo y médico. El día 28 de mayo de 1930 se tituló en la Universidad Jaguelónica de Cracovia, y dos años después luchaba contra una epidemia de fiebre escarlata que martirizaba a la región. Durante una noche entera veló a una joven, su paciente preferida, y a los pocos días la angustia le hizo ver que tenía los síntomas de la enfermedad de la que pocos enfermos lograban sobrevivir. Tras cuatro días de agonía, murió. En su tumba ubicada en Rakowick hay una placa donde se puede leer: *Murió víctima de su profesión, sacrificando su joven vida al servicio de la humanidad.*

En cierta ocasión el Papa habló sobre la muerte de Edmund y de la manera en qué le había afectado:

Mi hermano, Edmund, murió durante una terrible epidemia de escarlatina en el mismo hospital en el que comenzó a trabajar como médico. Hoy día los antibióticos lo hubieran salvado. Yo tenía doce años. Si la muerte de mi madre se grabó profundamente en mi memoria, tal vez hizo más mella la de mi hermano, por las trágicas circunstancias que lo rodearon.

Mientras investigaba esta dura etapa de la vida del Karol Wojtyla, en algún momento leí cómo recordaba ese día una vecina de Wadowice:

> Lo vi de pie, solo y triste en la puerta de la casa. En un momento de emoción lo tomé en mis brazos y lo besé, "¡Pobre Lolek!" dije, "has perdido a tu hermano". El muchacho de doce años me miró con seriedad y dijo simplemente: "Fue la voluntad de Dios".

En el hospital Bielsko, donde Mundek trabajó y pasó sus últimas horas, el personal le regaló al pequeño Lolek un estetoscopio que no se sabe si era de su hermano, pero sin duda, lo representaba a él. El pontífice guardó con cariño ese objeto en uno de los cajones de su escritorio para poder verlo todos los días. Así, tras estos sucesos, Karol quedó huérfano de madre y se convirtió en hijo único a una edad temprana.

A partir de este momento, su padre se amparó con mayor fuerza en la espiritualidad y la oración para soportar los duros golpes con que la vida le atizaba. "El mero hecho de verlo arrodillarse para rezar tuvo una influencia decisiva en mis años de juventud", explicó Su Santidad tiempo después.

La familia paterna cercana de los Wojtyla se conformaba por una tía, Estefanía, que vivía en Biala Leszczyna y con quien acostumbraban pasar las festividades importantes del año como Navidad o Pascua. Unas primas de Lolek vivían en Biala Krakowska; pero la verdadera familia se limitaba al pequeño y a su padre. Se volvieron inseparables, asistían juntos al cine o a la iglesia, mientras que, por las tardes, conversaban y caminaban por el pueblo. Tras la noticia de que Karol Wojtyla había sido elegido como sucesor del papa Juan Pablo I, los vecinos más longevos en Wadowice comentaban que todavía recordaban al padre e hijo andando y conversando.

Por el pueblo de Wadowice atraviesa el río Skawa y muy cerca se elevan las montañas de Beskidi, vivir cerca de la naturaleza llevó a Karol Wojtyla a practicar deportes como el alpinismo, el esquí y el kayak. Estos intereses los mantuvo a lo largo de su vida hasta que el paso de los años mermó su destreza física.

Otra de sus aficiones, desde su niñez, fue el teatro. Poseía como actor un enorme dominio escénico. Ese talento lo descubrió uno de sus maestros en el Liceo, Mieczyslaw Kotlarczyk, así que, de inmediato, lo invitó a interpretar algunos papeles en las representaciones de la pequeña compañía escolar.

En sus andanzas teatrales conoció a Ginka Beer, una joven judía, hermosa y bien intencionada que vivía en el mismo edificio de Lolek y con quien compartió el interés de las puestas en escena de la compañía escolar. Ella tenía gran destreza dramática, lo mismo que su amigo. Mucho tiempo después, cuando él ya era Papa y Ginka residía en Israel, declaró: "Lolek era un magnífico actor, siempre estaba dispuesto a acompañarme a los ensayos. Desde luego que no existió entre nosotros el más mínimo romance. Yo era dos años mayor. Tuvimos una feliz amistad".

Sobre esa época, sus compañeros recuerdan con especial afecto la sublime participación de Lolek en la obra *Balladyna* de Juliusz Slowacki, obra del romanticismo polaco cuya historia gira en torno a una reina eslava. Originalmente, Karol interpretaría al protagonista masculino; sin embargo, poco antes de subir al escenario se decidió que él caracterizaría el papel antagónico, ya que el actor de ese papel no había acudido a la representación. Lolek Wojtyla se sabía de memoria los parlamentos de los dos personajes. Ese día se llevó un gran aplauso. "Las tablas" que había adquirido, como se dice en el argot teatral, lo dotaron de un gran dominio sobre la voz, la expresión corporal y capacidad para expresar estados de ánimo y sentimientos.

En aquel entonces, a Lolek lo seleccionaron para dar el discurso de bienvenida al arzobispo de Cracovia, el cardenal Adam-Stefan Sapieha, que visitaba el pueblo de Wadowice. El discurso que dirigió el joven al importante prelado impresionó a todos. Además, su porte y su dominio de la palabra, abrigados por una actitud de respeto y humildad despertaron en el arzobispo interés por el adolescente como futuro servidor de Cristo. Raudo y veloz, el cardenal le preguntó al párroco de la iglesia de Santa María, Edward Zacher, si aquel jovencito querría, en un futuro, dedicarse al sacerdocio. El párroco respondió que no creía que al joven Karol le atrajera la vida sacerdotal porque se dedicaba con ahínco al teatro. Además, en alguna ocasión, había dicho que se disponía a estudiar filosofía. "¡Lástima!", dijo Sapieha, "necesitamos en la Iglesia a personas como él".

Una vez concluidos sus estudios con excelentes calificaciones, Karol conversó seriamente con su padre sobre la inclinación que tenía por estudiar letras en una universidad. Wojtyla *senior* aceptó sin objeción alguna, pues ya estaba jubilado, así que no hubo ningún inconveniente para que ambos se mudaran a Cracovia.

Mi opción era motivada por una clara predisposición hacia la literatura. Estudiaría la gramática descriptiva del idioma polaco moderno y al mismo tiempo la evolución histórica del idioma, con un interés particular por la antigua raíz eslava. Eso me introdujo en horizontes completamente nuevos, por no decir en el misterio de la palabra.

A partir de ese momento, iniciaba una fase de su vida en donde la opresión del socialismo soviético y la brutalidad del nazismo lo guiarían hacia el camino de la Iglesia. De esta forma empezarían un viaje que cambiaría la perspectiva con la que el joven Wojtyla percibía al mundo.

La estancia en la Universidad de Copérnico

Observo la espectacular vista que ofrece el Palacio Real y la Catedral de Cracovia, como seguramente lo hizo Karol a sus 18 años, emocionado con el primer encuentro con aquella ciudad excepcional, que bien podría ser considerada como el centro de Polonia, lugar en el que yacen los mártires y reyes que la fundaron.

Hacía siglos que Cracovia había dejado de considerarse la capital de Polonia, debido a que la unión con Lituania trasladó el centro político hacia la imponente Varsovia, bajo el reinado de Segismundo III, en 1596. Sin embargo, los entierros y las coronaciones reales se seguían llevando a cabo en la Catedral de Wawel. Por eso, Cracovia es el corazón del país.

Durante el verano de 1938, en que resplandecían a la luz del sol las agujas de la catedral de Wawel, erigida a un lado del río Vístula, Lolek se maravillaba con las ochenta iglesias de Cracovia, razón por la que se le atribuyó a la ciudad el título de la "Roma eslava". Dentro del bolsillo llevaba el mejor salvoconducto: sus excelentes calificaciones. Así, contento, pasó por las puertas góticas de la reconocida Universidad Jagellónica, fundada en el siglo XIV por Casimiro III "el Grande". Transitó por los pasillos de la universidad más antigua de Polonia, ascendió por las mismas escaleras que Nicolás Copérnico, considerado como el fundador de la astronomía moderna al enfrentar la equivocada concepción ptolemaica con la del heliocentrismo.

Los Wojtyla se instalaron en el barrio de Debniki, en la calle de Tyniecka, en un viejo caserón cuyas dueñas eran dos tías de Karol, hermanas de su madre. Ocuparon el sótano de la propiedad que contaba con dos habitaciones pequeñas, una cocina y un baño. La luz apenas entraba en aquel lugar, tan diferente a la soleada casa de Wadowice. Sin embargo, padre e hijo se sentían satisfechos.

Esta mudanza tenía un enorme significado ya que no sólo implicaba haber cruzado el río Vístula, sino que también, dejaban en Wadowice un intenso pasado, con sus muertos, su trasiego pueblerino y la infancia y adolescencia de Lolek quien cada vez se acercaba más a la vida adulta. Se preparaba para absorber todo acontecimiento cultural, mientras se dedicaba a estudiar lengua y literatura polaca.

Siempre inclinado hacia la justicia, brillante y alegre, con gran sentido del humor, era como lo recordaban sus condiscípulos, y yo me encuentro en los anuarios de la universidad una descripción del Santo Padre, entonces estudiante, que dice: "Extrovertido, participativo, pero profundo y meditativo".

La Facultad de Filosofía contaba con catedráticos reconocidos en toda Europa. Llama mi atención el especialista en gramática polaca, el profesor Urbanczyk, ya que, según dicen, no aceptaba que sus estudiantes cometieran ningún error. Era duro. Sus exámenes causaban terror por la dificultad que suponía resolverlos. Karol, sin embargo, no tuvo problema con la materia gracias a su dedicación y a su gusto por el curso.

Karol advirtió que más allá de las materias que cursaba, podía contribuir a la difusión de la cultura polaca. Junto con otros compañeros, trabajó en la redacción del periódico universitario, "Nasz Wyraz". Siempre sediento de más conocimientos y habilidades, llevaba clases opcionales de idiomas y también de declamación. Ya en Wadowice había ganado el segundo lugar en un concurso de recitación con el poema *Promethidi*, de Cyprian Norwid.

Continuaba escribiendo poesía y seguía siendo fiel a las representaciones teatrales. Su primera representación se llevó a cabo al finalizar el curso académico de 1938-1939 e interpretó el papel de Sagitario en *El Caballero de la luz de la luna,* de Marian Nizynski, escenificada en el patio del Collegium Maius.

Descubro que, durante su época de estudiante universitario, el joven Wojtyla tuvo un gran amigo que compartía con él la afición por el teatro. Se trababa de Juliusz Kydrynski, quien luego fue uno de los más importantes actores de Polonia. En aquellos años lo invitaba muy seguido a su casa. La familia de Juliusz lo adoptó como un hijo más. El actor referiría años después que su amigo Karol era "mucho más serio que nosotros, un poco encerrado en sí mismo, como si siempre estuviera meditando sobre problemas que nos sobrepasan a los demás".

Por el actor polaco, Karol frecuentó a la familia Szkcoka, que organizaba tertulias intelectuales en su chalet cercano al río Vístula, junto a la falda de la colina. Aquella era una vida grata y estimulante para el futuro pontífice.

La marcha de la guerra

Al terminar los cursos del primer año en la universidad, los estudiantes se disponían a gozar de unas vacaciones. Pero para muchos jóvenes el descanso se convirtió en una larga pesadilla. Corría el año 1939.

El padre Zdzislaw Sochacki narra que Karol había ido un viernes primero de mes a la Catedral de Wawel para confesarse con el padre Kazimiers Figlewicz, su profesor de religión en Wadowice y, quien más tarde, se convertiría en su guía espiritual. Se ofició misa y antes de terminarla sonó la primera alarma aérea. Las huestes del Tercer Reich habían invadido Polonia sin ninguna advertencia. Pronto estallaría la Segunda Guerra Mundial. Desde Cracovia una sombra cubría ya a toda Europa. Después del estruendo de las explosiones que derribaron edificios y sembraron con muertos las calles de la ciudad, el joven universitario salió de la catedral en busca de su padre, afligido ya entonces por una salud tambaleante. Por fortuna, padre e hijo huyeron de la urbe, junto con una multitud de judíos que, a pie o en automóviles llenos de gente y cosas, escapaban de la invasión alemana.

La operación "Fall Weiss", organizada por los generales Günther Blumentritt y Erich von Manstein, impulsó la primera acción bélica de Hitler fuera de Alemania. Su propósito era apropiarse de Polonia. El ejército polaco no podía resistir el poder armado del Tercer Reich, por lo que la ocupación occidental del país ocurrió con rapidez. Debido a ello, dos semanas después, con el antecedente del Tratado de no Agresión entre Alemania y la URSS (Pacto Ribbentrop-Molotov), en el que se fijó a Polonia como "zona de influencia", los soviéticos se abalanzaron contra el país polaco por el lado oriente.

Polonia se encontró avasallada por dos potencias: la de los nazis y la de los soviéticos. Cracovia tenía encima la bota alemana. En quince días Hitler logró doblegar a un ejército mal armado. El gobierno polaco se trasladó a Rumania.

La situación en Cracovia era terrible. Cualquiera podía ser arrestado. Comenzó la persecución a los judíos. Iniciaba así el Holocausto.

Para el mes de noviembre, los nazis cerraron las universidades y el 6 de noviembre de 1939 citaron a los catedráticos de la Universidad Jaguéllonica en el Hall central, junto al Collegius Maius. Los alemanes anunciaron que tratarían allí el futuro educativo de Polonia. Como no acudió todo el plantel de profesores, los soldados alemanes obligaron a los que se habían presentado a subir a los camiones apostados afuera del campus universitario y los condujeron al campo de concentración de Sachenhausen. Se sabe que algunos lograron regresar luego de tres meses de fuertes interrogatorios, otros ya no volvieron nunca. Terminaban así las ilusiones de los jóvenes universitarios polacos, entre ellos, las de Karol Wojtyla.

Hitler había nombrado a Hans Frank como gobernador general militar de las tierras polacas conquistadas. Su misión era convertir a Polonia en un gran campo de concentración. Se encargaría de formar y crear una reserva de obreros para las campañas que preparaba el *führer*. Muchos eran conducidos a Alemania. En tierra polaca se impuso el trabajo forzado a los hombres de 18 a 60 años que no tenían un trabajo específico. El invierno de aquel año fue sumamente crudo y atenazó aún más la precaria situación del pueblo. La falta de alimentos originó un mercado negro. Los comerciantes polacos restringían, como podían, el acceso de los alemanes, quienes llegaron a Polonia a beber vodka y a comer caviar, mientras los polacos no tenían qué comer.

Una vez que las puertas de la Universidad fueron clausuradas por los nazis, el espacio de "Bajo los tilos", el chalet de la familia Szkoka, se convirtió en el único lugar en donde se podía reunir la "cultura polaca". La señora Szkoka ayudó, entre otros, a Karol, solicitándole a su amigo Kulakowski, director de la fábrica Solvay, que le diera al otrora estudiante la *arbeitskarte*, un documento laboral que impidiera su deportación hacia Alemania, donde lo destinarían a trabajo forzado. Además, con este permiso le procuraban cupones de racionamiento para alimentarse. Como muchos otros estudiantes talentosos, el joven Wojtyla abandonó la literatura y se hizo obrero.

Según la información que conseguí, para el otoño de 1940, Karol, en compañía de su amigo Juliusz Kydrynski, fue enviado como obrero a una cantera de piedra en Zakrzówek. El lugar se encontraba a media hora de su casa en Debniki, así que podía caminar a la cantera. Allí, junto con Juliusz y muchos otros, picaba rocas durante horas con un mazo hasta llenar una carretilla, que luego debía descargar en una vagoneta.

Aquel trabajo, que hería las manos, no impidió que Karol Wojtyla buscara ratos para leer. Sus mismos compañeros, dado su trato amable con todos, lo ayudaban a que pudiera dedicarse un poco a la lectura. "No les daba fastidio el que yo llevara al trabajo los libros. Me decían, 'nosotros estamos pendientes de todo: tú puedes leer tranquilamente'".

Como su capataz, un tal Krauze, le había encomendado colocar explosivos en las rocas, Karol se refugiaba en un cobertizo entre detonación y detonación y allí leía y oraba. Mucho tiempo después, siempre que podía, hablaba con enorme gratitud de la bondad de todos los trabajadores con los que convivió durante aquella difícil etapa.

Recuerdo esos años con emoción y gran agradecimiento a esa gente, buena, sencilla, que siempre me trataba a mí –un intelectual–, con cariño. Me decían, "señor, usted ya ha hecho su trabajo. Duerma y nos encargaremos de todo". Y si era necesario quedarme para el segundo y tercer turno, aquella gente me traía su pan y leche diciendo, "usted tiene que quedarse, coma algo para aguantar bien". Son pequeñas cosas que nunca se olvidan.

Para él picar piedra fue simplemente un trabajo duro y extenuante, pero un trabajo. Ya siendo pontífice dijo "el trabajo es una necesidad, a veces una dura necesidad; y sin embargo, el hombre anhela transformarla a la medida de su dignidad y de su amor. En ello reside su grandeza".

Incluso años más tarde, desde Roma, Juan Pablo II evocaría los años en que la nefasta invasión alemana estuvo en Polonia:

Si bien es verdad que debo mucho a un solo año de estudios en la Universidad más antigua de Polonia, puedo afirmar que los cuatro años siguientes, vividos entre obreros, fueron para mí un don de la Providencia. La experiencia adquirida durante aquel periodo de mi vida, no tiene precio. He dicho muchas veces que le concedo, tal vez, más valor que a un doctorado, ¡lo cual no significa que subestime los títulos universitarios!

Una tarde, de regreso a su casa, exhausto, Karol se desmayó en la calle. Un camión alemán que pasaba lo golpeó. El conductor no se detuvo a averiguar contra qué o quién se había topado. Toda la noche, sin recuperar el conocimiento, el muchacho estuvo tirado en la vía enlodada. A la mañana siguiente una mujer lo halló muy temprano y con ayuda lo llevó al hospital. Karol se recuperó con la familia Szkoka, no en el chalet cerca del río, sino en una casa cerca de los Wojtyla. Los Szokoka habían perdido aquella casita agradable, bajo los tilos.

Fue un poco después de su accidente que Karol decidió participar en un movimiento de resistencia en contra del nazismo. El objetivo fundamental del grupo consistía en defender la cultura y el arte de Polonia. El teatro era un medio importante para conseguir esa defensa y liberarse del nazismo.

En aquella época de horror hubo actos heroicos que Karol Wojtyla jamás olvidaría. El cura Maximiliano Kolbe ofreció su vida a cambio de la del sargento polaco Franciszek Gajowniczek, quien tenía esposa e hijos. El padre Kolbe ocupó su lugar en una celda del campo de concentración en Auschwitz y allí murió de hambre. Juan Pablo II lo canonizaría el 10 de octubre de 1982, después de haber sido declarado beato en 1971 por el papa Pablo VI.

Otra de estas historias que quiero referir es la del doctor Janusz Korczak, que dedicó su vida entera a niños judíos sin hogar. Cuando sus huérfanos fueron enviados a la cámara de gas en Treblinka, los acompañó y compartió con ellos el mismo cruel destino. En 1948 fue condecorado póstumamente con la Cruz de Caballero de la Orden del Renacimiento de Polonia.

Karol Wojtyla también recordaría esa época de sufrimiento en su libro *Cruzando el umbral de la esperanza, (Plaza & Janés, 1995).*

Auschwitz, quizá el símbolo más elocuente del holocausto del pueblo judío, muestra hasta dónde puede llevar a una nación un sistema construido sobre premisas de odio racial o de afán de dominio. Auschwitz no cesa de amonestarnos aún en nuestros días, recordando que el antisemitismo es un gran pecado contra la humanidad, que todo odio racial acaba inevitablemente en la conculcación de la dignidad humana.

Volvamos a los afanes del joven Karol. A finales de 1941 fue asignado a otro trabajo, menos duro, pero monótono. Se encargaba de transportar cal y luego la mezclaba con agua. Pensaba entonces en su padre, cuya salud, desde la navidad del año anterior se venía deteriorando, hasta que le detectaron un grave problema del corazón. Ya no salía ni iba a buscar a su hijo al final de la jornada como solía hacerlo. Guardaba cama todo el tiempo. Karol, después de laborar, pasaba primero a la casa de su amigo Juliusz a recoger comida que la madre de éste le preparaba y después corría a compartir los alimentos con su padre y a contarle las peripecias del día.

El día 18 de febrero de 1941 el joven Wojtyla llegó a casa con la comida y algunos medicamentos. María, hermana de Juliusz, lo había acompañado para ayudarle con el aseo de la casa. Una vez allí, se encontró con el cuerpo de su padre. Había fallecido de un ataque al corazón. Con profundo dolor, junto a su buen amigo Juliusz, veló a su padre toda la noche. Tenía apenas veinte años y la vida ya lo maltrataba.

Con la muerte de su padre, Lolek buscó refugio en sus buenas amistades Juliusz y su familia, así como la de los Szkoka. Contaban ellos que muchas veces lo encontraron echado en el suelo, boca abajo, con los brazos extendidos para formar una cruz. Sufría y todos los días después del trabajo, visitaba la tumba de su padre y allí oraba mucho rato.

La guerra, la crueldad, el poderío nazi matando a diestra y siniestra, la intervención soviética, la muerte de su padre y sus ilusiones universitarias masacradas, condujeron al futuro Juan Pablo a crearse un mundo espiritual a prueba de fuego. Dios lo acompañaba en ese espacio íntimo en el que no existían las barreras ni las limitaciones. En ese tiempo tuvo preponderancia en su vida un sastre, Ian Tyranowski, que en las propias palabras del vicario de Cristo, "fue uno de esos santos anónimos que viven escondidos entre la gente".

Tyranowski convocó a un grupo formado por jóvenes, conocido como el Rosario Viviente. El sastre hablaba con los muchachos sobre religión. En general sus sesiones eran la enseñanza del catecismo. En su casa existía una considerable biblioteca que permitía consultar a los jóvenes. La obra de los grandes místicos españoles, de Santa Teresa y de San Juan de la Cruz se hallaba en los libreros. Para Wojtyla, su amistad con el sastre resultó de una gran ayuda:

Él me hizo partícipe de la riqueza de su vida interior, de su vida mística durante la ocupación. Fue un verdadero maestro de vida espiritual para muchos jóvenes. En él vi la belleza del alma. Yo no pensaba en el sacerdocio cuando él me prestó, entre otras, la obra de San Juan de la Cruz. Debo a ese admirable desconocido la revelación de un universo.

La fe en Cristo y las enseñanzas en el Rosario Viviente trajeron paz a la existencia del muy joven Karol Wojtyla, a pesar de las calamidades de la guerra, el trabajo físico agotador como obrero y el vacío enorme que había dejado su padre.

"Mi verdadero camino"

La angustia generada por la invasión alemana no amainaba entre los polacos. Karol Wojtyla continuaba trabajando en la fábrica Solvay con muy pocos descansos. Así son los misteriosos caminos de Dios. Eso, sin embargo, lo fortaleció. Como pontífice laboraría de forma incansable a favor de su grey y de sus convicciones.

Después de la muerte de mi padre, ocurrida en febrero de 1941, poco a poco, fui tomando conciencia de mi verdadero camino. Yo trabajaba en la fábrica y, en la medida en que lo permitía el terror de la ocupación, cultivaba mi afición a las letras y el arte dramático. Mi vocación sacerdotal tomó cuerpo en medio de todo esto como un hecho interior de una transparencia indiscutible y absoluta. Al año siguiente, en otoño, sabía que había sido "llamado". Veía claramente lo que debía abandonar y el objetivo que debía alcanzar sin volver la vista atrás. Sería sacerdote.

Así refería el Santo Padre cómo fue que nació su llamada al sacerdocio, si bien había pensado muchas veces en dirigir su vida como profesional del teatro. Pero el hombre propone y Dios dispone. Karol Wojtyla tendría un destino muy diferente. La palabra sería el mejor de sus instrumentos de trabajo, como en el teatro, sin embargo, más adelante hablaría en nombre de Jesucristo.

Wojtyla abandonó el teatro de un día para otro. Avisó a sus compañeros que lo que deseaba era entregarse a Dios. "Lo siento, ya no podrán contar conmigo como actor porque mañana ingreso al seminario".

Habiéndolo pensado y reflexionado acudió al Arzobispado para conversar con el cardenal Sapieha, quien años atrás, en Wadowice, había visto en él a un futuro sacerdote por sus cualidades oratorias en honor de la religión católica. "Los tiempos son difíciles", le dijo a Karol. "No vas a vivir un seminario normal. Tendrás que estudiar en la clandestinidad".

Karol ingresó a un seminario "itinerante". Las reuniones no se fijaban en un solo lugar, por el contrario, maestros y alumnos se dispersaban por la ciudad para caminar en parejas. Era, desde luego, el cardenal Stefan Sapieha quien había encargado esta misión a varios sacerdotes. Como los estudiantes del liceo de Aristóteles, los aspirantes al sacerdocio andaban por las calles de Cracovia y escuchaban a sus formadores, lo que causaba que la transmisión de conocimientos se complicara. El joven Wojtyla también utilizaba las horas libres de trabajo para estudiar filosofía. En esta disciplina lo formaba Klamierz Klósk.

El seminario andante podía acercarse a grandes peligros. A los estudiosos de teología, si los descubrían, los mandaban al campo de concentración de Auschwitz. Durante el tiempo de la ocupación la cantidad de sacerdotes polacos asesinados ascendió a dos mil seiscientos cuarenta y siete. En 1939 se tenían contabilizados a diez mil diecisiete curas. La aniquilación de razas no arias, además, arrasaba ya con media Europa.

A finales de 1939 las matanzas públicas iniciaron en Waer con ciento siete víctimas; en Palmuyri el número de ejecutados fue de mil setecientas personas, pero la cifra siguió aumentando hasta llegar a seis millones de cadáveres. Sólo se salvaban los alemanes. Ni el dinero ni la fama evitaban la muerte en los campos de concentración.

Roto el pacto con Hitler los soviéticos estaban por liberar a los polacos de la garra nazi. Mientras, el cardenal Sapieha había hecho reunir a todos los seminaristas para que se resguardaran en el palacio arzobispal. En ese lugar estarían a salvo porque él sabía que, antes de la retirada, el ejército ario pretendía terminar con Cracovia. Así, el 17 de enero de 1945, los seminaristas pasaron la noche entre rezos dentro de los sótanos de la casa arzobispal. Por fortuna el ejército rojo liberó a Polonia del nazismo, pero luego impuso un régimen que coartaba la libertad del pueblo polaco.

De los seminaristas y sacerdotes escondidos en el sótano del arzobispado a ninguno se le hubiera ocurrido que aquel joven de Wadowice sería, muchos años después, el *factotum* en otra liberación: la del comunismo en Polonia, que luego se extendería por toda la Europa que vivía detrás de la *cortina de hierro*.

Hacia la ordenación sacerdotal

Cracovia, y con ella toda Polonia, volvía a la vida en las universidades y al mundo de la cultura y las artes. Los edificios universitarios fueron arreglados y puestos en funciones. Se esforzaban los polacos en la reconstrucción de su país pisoteado por los nazis. Entraban en un aparente periodo de recuperación. Una de las primeras tareas a realizar por parte de los catedráticos era levantar de nueva cuenta su recinto, pues había quedado en ruinas tras el ataque de los alemanes.

Por su parte, Wojtyla procesó todo lo sucedido con sabiduría y se mantuvo firme en su decisión de ser sacerdote. Sabía que la Iglesia necesitaba la ayuda de los jóvenes consagrados a Dios. El cardenal Sapieha logró que Karol viajara a Roma para continuar allí con sus estudios y para que escribiera su tesis doctoral. Para lograr que todo eso ocurriera, adelantó la entrada al sacerdocio de su pupilo, para que Lolek pudiera incorporarse al curso escolar 1946-47.

La ordenación ocurrió el 1 de noviembre de 1946 en la capilla privada del arzobispo. A sus 26 años Wojtyla era ya cura. Y diría con el tiempo, ya como Santo Padre:

Vuelvo a verme en esa capilla tendido en forma de cruz en el pavimento, en espera de la imposición de las manos. ¡Fue un momento emocionante! (...).

42

Hay algo que es impresionante en la postración de los ordenandos (...). Quien se acerca para recibir la sagrada ordenación se postra con todo el cuerpo y apoya la frente sobre el pavimento del templo, y manifiesta con eso su completa disponibilidad a emprender el misterio que se le confía. Este ritmo ha marcado profundamente mi experiencia sacerdotal.

Al día siguiente celebró su primera misa en la cripta de san Leonardo que se encuentra en la catedral de Wawel. Lo asistió en todo momento otro sacerdote. En la plegaria, Wojtyla recordó a sus padres y a su hermano.

Había escogido para su ordenación aquel lugar privado, casi oculto, debido a que, como alguna vez manifestó, en ese espacio se encontraba el corazón de Polonia, donde latía el corazón de los polacos y el suyo también.

Después de la eucaristía hubo una pequeña celebración familiar en casa de los Szkcoka. Al siguiente día, el 15 de noviembre de 1946, el nuevo sacerdote inició su viaje hacia Roma en compañía del clérigo Stanislaw Starowieyski.

Roma también volvía a vivir después de la guerra. Wojtyla se hospedó en la Casa de los Padres Pallotinos en la Via Pettinari, dado que el episcopado polaco no tenía una residencia en la capital italiana. Posteriormente se alojó en el Colegio Belga, cuyo rector era Maximiliano de Fürstenberg, un dominico holandés. En esa institución revisé algunos archivos y hallé un retrato hablado del joven sacerdote polaco, "...nunca había llegado al colegio un cura peor equipado: venía flaco, descolorido, con la sotana raída". Wojtyla sólo tenía dos años para licenciarse y luego preparar su tesis doctoral, así que, sin importar su flacura, tuvo que darse prisa en sus estudios. Se examinó con la tesis *Doctrina de fide apud sanctum Joannem de Cruce (La doctrina de la fe en san Juan de la Cruz)*; y entre los maestros se encontraba el teólogo Garri-gou-Lagrange y el futuro cardenal Ciappi. El primero fungió como su director de tesis. Tuvo que aprender español para mejor entendimiento del místico.

Mi investigación me condujo al "Angelicum" donde el padre Glen, secretario de la Facultad, me enseñó las excelentes calificaciones obtenidas por Karol Wojtyla. Además, pude mirar la tesis que escribió a máquina en un papel muy delgado y amarillento, que reflejaba el paso de los años.

Así, entre 1946 y 1947, Lolek oficiaba misa en un pequeño convento cerca del Colegio Belga. Y en marzo de este último año como estudiante, poco antes de concluir la escritura de su tesis y aprobar los exámenes del doctorado, conoció al padre Pío. Y es cuando en compañía del clérigo Starowieyski viajó a San Giovanni Rotondo para presenciar la misa celebrada por Francesco Forgione Pío, famoso en aquel tiempo por tener en las manos y los pies los estigmas de La Pasión. Una leyenda acerca de dicho viaje cuenta que, luego de haber escuchado la confesión de Wojtyla, el padre Pío vaticinó que en el futuro sería elegido Papa, además de mencionar que sería víctima de un atentado. Eso se dice.

Durante las vacaciones de verano en 1947, Karol viajó por Bélgica, Holanda y París por mandato del cardenal Sapieha que quería que el joven sacerdote "conociera un poco el mundo y viera qué se hacía en el terreno pastoral en la nueva Europa". Todo lo entendía Wojtyla como una manera de profundizar sus conocimientos religiosos.

Cuando estuvo en París se hospedó en un pequeño lugar de la Rue de los Irlandeses, administrado por el Seminario Polaco. El lugar se caracterizaba por el ambiente bohemio. Allí se percató de que las iglesias de los alrededores permanecían vacías casi todo el día. Por esa razón entró en contacto con los "sacerdotes obreros" quienes se guiaban bajo los cánones del libro de *France, pays de mission*, los cuales buscaban entablar relación con las diócesis más necesitadas de clero.

En Bélgica conoció a Joseph Cardijn, fundador de la Juventud Obrera Católica y un prelado que deseaba el compromiso social de la Iglesia. De este modo Wojtyla compartió ideas con otros sacerdotes que dedicaban su labor apostólica y cristiana a grupos de jóvenes mientras combatían la descristianización y la secularización que iba en aumento en el mundo. De regreso en Polonia les contó a sus amigos sus experiencias de viaje. "Gracias a Roma, mi sacerdocio se había enriquecido con una dimensión europea y universal. Regreso de Roma a Cracovia con el sentido de la universalidad de la misión sacerdotal".

El padre Wojtyla amaba su país y se interesaba por la política de Polonia. El tiempo restañaba las heridas de la guerra y la invasión nazi, pero los polacos no eran del todo libres. En las elecciones de 1947, los comunistas obtuvieron la mayoría absoluta, por lo que se instauró una dictadura marxista, aunque se trataba de hacerla parecer como una "democracia popular". Sin duda, los dirigentes despreciaban el fervor católico de muchos y rechazaban a Iglesia, pero permitieron, más o menos el culto.

Para julio de 1947, Wojtyla había obtenido la licenciatura en Teología y casi un año después, recibió el doctorado, pero sin el título, porque no tenía recursos para imprimir la tesis. De regreso en Cracovia logró revalidar los estudios realizados en Roma en su querida Universidad Jagellónica.

El cardenal Sapieha sabía que era necesario que Karol experimentara la realidad polaca, así que lo nombró vicario de Niegowic, una pequeña aldea al sur de Polonia. Para acceder a ese lugar primero se viajaba en autobús, después en carreta y por último, se caminaba a través de los campos de trigo. "Cuando llegué finalmente al territorio de la parroquia de Niegowic, me arrodillé y besé la tierra". Este gesto, repetido en cada uno de los países visitados durante su Pontificado, lo aprendió de Juan María Vianney, un presbítero francés que el papa Pío XI canonizó el 31 de mayo de 1925.

El joven sacerdote vivía en Niegowic dentro de una habitación sencilla de la Iglesia parroquial Asunción de Nuestra Señora de Niegowic, una de las parroquias más antiguas a los pies de los Cárpatos. No había electricidad. Era difícil la vida ahí, pero la gente del pueblecito se saludaba feliz con un "Alabado sea Jesucristo".

Muchos interpretaron que Sapieha castigaba a Wojtyla. Quizá su verdadera intención era que el joven cura estuviera bajo la supervisión directa de Kazimiers Buzala, un párroco del lugar que tenía fama de santo.

Todos los días el padre Wojtyla oficiaba la misa temprano, luego, por las tardes, pasaba a una escuela en donde se reunían los niños de varios poblados. En los pocos ratos libres leía a sus autores favoritos: Santo Tomás de Aquino, San Juan de la Cruz, Santa Teresa y Max Scheler.

Estuvo en Niegowic poco tiempo, no llegó al año, aunque siempre tuvo memorables recuerdos de aquella aldea, como cuando se construyó una iglesia en conmemoración a las bodas de oro sacerdotales del párroco Buzala. En ese pequeño lugar hacía visitas a los enfermos y a los necesitados. Escuchaba con atención y aprendió así a servir a sus feligreses.

Poco después de haber sido elegido papa, comentaba:

> ...hace dos años que presido el Vaticano, hace más de 20 que soy obispo y sin embargo, para mí sigue siendo lo más importante el hecho de ser sacerdote, de poder celebrar cada día la Santa Eucaristía, de poder renovar cada día el mismo Sacrificio de Cristo, ofreciendo en él todas las cosas al Padre: el mundo, la humanidad y a mí mismo. Tengo presente en mi memoria el momento interior en que oí el llamamiento de Cristo, "ven y sígueme".

No pasó mucho tiempo para que el cardenal Sapieha nombrara a Wojtyla vicario de la parroquia universitaria de San Florián, ubicada a escasos minutos del centro de Cracovia. Aquí es donde el Santo Padre encontró el ambiente perfecto para desarrollarse. Realizó toda clase de actividades como organizar cursos para la vida cristiana en pareja, excursiones donde guiaba a muchachos de diferentes lugares. Hacía esquí, escalaba montañas o andaba en bicicleta. Contagiaba a los demás con su gusto por los deportes.

Compartir con los feligreses en el paseo por el campo, en el deporte, en las pláticas era una manera de catequizar, ya que la dominación comunista impedía a los sacerdotes seguir con sus métodos de enseñanza tradicionales. Pronto, lo muchachos que iban de excursión con Wojtyla comenzaron a llamarlo "tío Karol".

Por último, otra de sus tareas fue el apoyo que le brindó a las "universidades volantes" de esa época; es decir, clases con cuyos temas no simpatizaba el comunismo y por eso se dictaban durante caminatas o ascensos a las montañas.

Al reflexionarlo un poco me doy cuenta que Wojtyla no parece haber perdido en ningún momento el amor por el montañismo o por el teatro. Reviso algunos de sus viajes pontificios y me llama la atención el que realizó en Japón en 1981. Allí habló con jóvenes católicos y les dijo:

> Me preguntan ustedes por el deporte. Me alegro mucho, porque puedo responder basándome en mi experiencia. Siempre he dado -y continúo dando- una gran importancia al proverbio antiguo, *"mens sana in corpore sano"*. El esfuerzo físico, particularmente el deportivo, debe servir para esto. Para mí un motivo suplementario, pero muy importante cuando se trata de emprender este esfuerzo, en diversas formas, fue siempre el amor a la naturaleza, a los lagos, a los bosques, a las montañas, tanto en el verano como en otras estaciones, y especialmente en invierno, cuando es preciso hacer turismo sirviéndonos de los esquís.

En 1957, la revista de la Iglesia polaca, *Homo Dei*, le solicitó un artículo sobre la forma en que se acercaba los jóvenes para ofrecerles la palabra de Dios. Wojtyla escribió que "el deber del sacerdote es vivir con la gente, donde esté, estar junto a la gente en todo menos en el pecado". El universo del intelecto y las artes, además, seguía siendo parte de su mundo, por lo que también se rodeaba de intelectuales para cultivar su propio espíritu; Jerz Janik era uno de ellos, un doctor en Ciencias Físicas con quien compartía la afición por el esquí.

En muchos aspectos Wojtyla pensaba con una mente abierta. Mientras casaba a varias parejas en la parroquia de San Florian, con la pastoral llamada "la belleza del amor", especificó que el apetito sexual es un don de Dios y dentro de la vida marital eso "no puede separarse del amor". Algunos obispos lo acusaron de demasiado liberalismo. Cuando escribió algunos textos, tomó el nombre de un protagonista de una novela con un personaje que recupera su fe religiosa gracias al amor de una mujer.

Hermano de nuestro Dios es una obra dramática de Wojtyla. Se la considera la mejor de sus obras teatrales. En este drama en tres actos, un pintor bohemio cambia su manera de vivir cuando se relaciona con los pobres. Aquí es la primera vez que surge la frase, "¡no tengan miedo!".

Por otra parte, su antiguo maestro Rózycki insistió en que no abandonara los estudios teológicos. Le sugirió que presentara una tesis en la Universidad Jagellónica sobre Max Scheler, filósofo alemán, que es un clásico en la filosofía de la religión. Un doctorado teológico y uno civil le allanarían la entrada al campo de la enseñanza universitaria.

El 23 de julio de 1951 falleció el cardenal Sapieha, y para Karol fue como perder a un segundo padre:

Sí, Sapieha fue para mí un verdadero modelo porque, en primer lugar, fue un pastor. Bajo su autoridad hice mi seminario: fui antes clérigo y luego sacerdote. Tenía con él una relación de profunda confianza y puedo decir que le quería. Con frecuencia se escribe que Sapieha me estaba, en cierto modo, preparando para algo importante; quizá sea verdad. También esto es una tarea del obispo: preparar a quien eventualmente pueda sustituirle.

El sucesor de Sapieha fue el arzobispo Eugeniusz Baziak, quien también estaba de acuerdo con Rózycki, Wojtyla fue relevado de sus obligaciones en San Florián para que pudiera dedicarse a la investigación sobre "los lazos que vinculan el sistema de Max Scheler a la ética cristiana", tesis con la que logró graduarse en 1953 de la Universidad de Cracovia.

Con su nueva rutina tenía tiempo para estudiar, aunque no dejó ni un momento su compromiso con la misa diaria y el confesionario. Esto me hace recordar un pensamiento donde expone su postura acerca de cómo adquirir un conocimiento:

> Por temperamento, prefiero el pensamiento a la erudición, de lo cual pude darme cuenta durante mi corta carrera de profesor en Cracovia y Lublin. Mi concepto de la persona única en su identidad y del hombre, nació de la experiencia y de la comunicación con los demás, en mayor medida que de la lectura. Los libros, el estudio, la reflexión y la discusión me ayudan a formular lo que la experiencia me enseña.

Para el año de 1953, Karol daba clase en la Facultad de Teología de Cracovia. Un hecho destacable es que su tesis fue la última aceptada ya que las autoridades comunistas cada vez tiranizaban más los estudios religiosos. Ese año había muerto Stalin y los comunistas se volvieron más duros. De todas formas, Wojtyla enseñaba Ética en el Seminario Teológico de Cracovia y asistió repetidamente a la Universidad Libre de Lublin. El rector de esa casa de estudios terminó por ofrecerle la dirección del Departamento de Ética de la Universidad. Dicho departamento era el único espacio de estudios católicos en el mundo soviético y se sostenía con donativos privados. La dictadura marxista lo aceptaba debido a la gran reputación de la enseñanza de Lublin.

A sus 36 años, el otrora obrero, era profesor universitario. Continuó viviendo en Cracovia, pero pasaba dos días a la semana en Lublin, por lo que tenía que tomar dilatados trenes nocturnos. Luego volvía a Cracovia, oficiaba misa y preparaba sus cursos y escribía.

Creció pronto la fama de Wojtyla como gran maestro. Cada vez tenía que ocupar aulas más grandes para que los alumnos, que venían de muchos sitios, cupieran. Muchos recibían la clase de pie.

Durante mi investigación me contacté con uno de sus alumnos, obispo de Saions y rector del Santuario de la Divina Misericordia de Cracovia, quien me dijo cómo se desempeñaba Wojtyla como maestro:

> Era una persona que siempre preguntaba cómo estábamos. No era tan formal. Siempre, antes de empezar su conferencia se acercaba y nos preguntaba "¿Cómo estás?" "¿Cómo te sientes?", siempre se interesó en nuestra vida. Él creaba un ambiente muy agradable.

Sus lecciones se basaban en la reflexión propia sobre la experiencia humana. Y en efecto, participaba con frecuencia en debates filosóficos y también en tertulias donde había una vasta selección de tópicos éticos, literarios, estéticos, etc. Manifestaba con claridad sus opiniones y recibía con humildad la crítica.

Ya nombrado obispo no abandonó Lublin. Daba conferencias y participaba en los sínodos de exámenes doctorales. La época universitaria que vivió en ese lugar la recordó por siempre:

> La filosofía me llevó a la Universidad Católica de Lublin, donde me puse en contacto con un ambiente joven y vivaz. Durante muchas charlas fuera del aula, mientras tomábamos té, cosa que tiene su importancia, pudimos repasar muchos problemas, tanto de contenido como metodológicos. Gracias a esas charlas, volví a ver mi camino científico.

Un hombre siempre igual a sí mismo

Durante el mes de julio, en 1958, Karol Wojtyla estaba de vacaciones en las orillas del lago Mazuria, al noreste de Polonia, con algunos amigos y estudiantes cuando recibió un telegrama en el que se le solicitaba que viajara de inmediato a Varsovia. Debía presentarse con el cardenal Wyszynki. La noticia era muy importante, lo nombraban obispo auxiliar de Cracovia.

52

Una nota del periodista francés, Bernard Lecomte, que rescaté acerca del anuncio, destacó:

> No se le nombra a uno obispo a los 38 años sin una buena razón. Karol Wojtyla fue escogido, ante todo y sin ninguna duda, por su prestigio personal, su profunda fe, y su cultura teológica. Desde su adolescencia es una persona excepcional.

Aceptó con gusto y preguntó que debía hacer para recibir el cargo. Le contestaron que esperar unas semanas para la ceremonia de consagración. Entonces provocó risa entre los que ahí se encontraban al preguntar, "bueno, ¿puedo irme de nuevo con mis compañeros para seguir remando?" Así era Wojtyla, siempre fiel a sí mismo.

En el libro *¡Levantaos! ¡Vamos!* (Plaza & Janés), escrito en el 2004, el papa Juan Pablo II narra la primera reacción que tuvo cuando confirmaron su nombramiento:

> Eminencia, soy demasiado joven, acabo de cumplir los 38 años... Pero el arzobispo objetó que "Ésa es una imperfección de la que pronto se librará. Le ruego que no se oponga a la voluntad del Santo Padre". Entonces Wojtyla añadió solo una palabra: "acepto".

La celebración de la consagración episcopal se llevó a cabo en la Catedral de Wawel el 28 de septiembre. Llovía y estaba nublado. Una densa bruma caía sobre la ciudad, durante la ceremonia litúrgica el arzobispo Baziak cubrió con la mitra la cabeza del nuevo obispo. Y de pronto un rayo de sol traspasó las vidrieras. Uno de los presentes recuerda haber dicho a su hermano que "un día se convertirá en Papa". Hubo un estremecimiento colectivo por la luz que había iluminado al prelado. Alguien gritó conmovido "¡Lolek, no dejes que nadie te aplaste!". Se trataba de uno de los antiguos empleados de la fábrica Solvay, en donde Karol trabajó como obrero durante la guerra.

Eran los primeros meses de 1953, el año de la muerte de Stalin y de la asunción de Kruschev; quien impuso mano dura a las naciones sometidas, como en el levantamiento de Berlín el 17 de junio de 1953, el cual fue sofocado con brutalidad y eficacia. A su vez, la política polaca se endureció. La Iglesia era blanco perfecto. El cardenal Wyszynski fue hecho prisionero y el arzobispo de Cracovia, Baziak, condenado al destierro.

Otra vez azotaban los tiempos difíciles. Tres años después, surge una ola de violencia tras la celebración del XX Congreso del Partido Comunista Soviético. En octubre, los tanques soviéticos amagaron a Hungría. Poco tiempo atrás, en Polonia, el 28 de junio, los quince mil obreros de la fábrica de vagones de Poznan se rebelaron por la situación económica, además de que exigían la salida de los rusos. Esa misma noche las tropas soviéticas consiguieron imponer el orden con un saldo de cincuenta y tres muertos, de ellos cuarenta y cuatro eran manifestantes, y hubo más de trescientos heridos.

Por su dedicación, Wojtyla se convirtió en la mano derecha del arzobispo Baziak, quien desde su retorno del destierro siempre estuvo enfermo. Wojtyla, demostró que podía llevar a cabo varias tareas, podía cumplir con sus obligaciones de obispo, atender la cátedra, estudiar y escribir. Las visitas pastorales que realizaba eran intensas, porque escuchaba y analizaba cada uno de los problemas que tenían las parroquias. Después de reflexionar, daba soluciones eficaces. Conoció varias iglesias. Se interesaba por las labores de los sacerdotes que las atendían. Conversaba con los feligreses. Así, luchaba contra el sistema, mediante su apoyo a las personas, con gestos reales y sinceros. Pastoral de la comunicación fue lo suyo, que también puso en marcha cuando lo nombraron Papa. Él mismo explicaba así su actividad, "mis visitas pastorales duraban bastante. Había elaborado mi propio modelo. No me satisfacía el tratamiento jurídico que la visita tenía anteriormente; más bien quería introducir más contenido pastoral".

Para marzo de 1959, Karol enfrentó su primer conflicto político, ya que se le había acusado, por determinados sectores gubernamentales, de tomar participación en "actividades y asociaciones ilegales". Lo trataban de agitador durante los retiros profesionales y que violaba así la unidad social y política de la sociedad local.

El obispo respondió a las acusaciones frente al Concilio Nacional y señaló que esos retiros con profesionales realizados en iglesias, capillas o monasterios mantuvieron siempre un "estricto carácter religioso". En cierto modo, Wojtyla era un rebelde del régimen, pues empezó a oficiar misas al aire libre, en lugares donde la Iglesia había pedido a las autoridades la construcción de nuevos templos. Sin embargo, para no entrar en una confrontación rotunda contra el orden comunista, solicitó entrevistarse con el Primer Secretario del Partido, Lucjan Motyka, para que discutieran la confiscación de algunos inmuebles del Seminario de Cracovia. Era el primer obispo en hablar directamente con un alto funcionario del gobierno y poseía el carácter y conocimiento para hacerlo.

La carga de trabajo terminó por enfermarlo. En marzo de 1959, padeció mononucleosis. Se trata de una enfermedad en la sangre causada por un virus que ataca exclusivamente las glándulas linfáticas, lo que provoca una excesiva producción de glóbulos blancos. Su médico y amigo, Stanislaw Kownacki, le pidió que reposara y que, una vez recuperado, tomara vacaciones periódicas al aire libre. También le aconsejó que no dejara de hacer ejercicio. El obispo se sometió al médico. Desde entonces, durante el verano, pasaba dos semanas remando en canoa y escalando montañas; y en invierno, quince días esquiando. El resto del año se levantaba muy temprano y hacía gimnasia en su habitación.

En 1960 publicó *Amor y responsabilidad* (Biblioteca Palabra, 2012), un ensayo sobre la ética sexual en la que analiza la relación entre la persona y su sexualidad; además, reflexiona en la *búsqueda* de una definición del amor, no solamente en el aspecto sexual sino como manifestación de la benevolencia hacia el otro. Para eso propone la superación del instinto, por ende, el amor conyugal es parte del orden divino. Después de la publicación de este libro, pasaron diez años antes de que Karol Wojtyla redactara otro texto de corte filosófico, como lo fue *Persona y acción* (Biblioteca Palabra, 2011).

Bajo pseudónimo, la revista "Znak" editó *El taller del orfebre*, una de sus obras teatrales que narra la historia y el drama interior de tres jóvenes parejas de esposos que meditan sobre el sacramento del matrimonio.

Las primeras veces en el Vaticano

La Iglesia en Roma perdió al papa Pío XII el 9 de octubre de 1958. Desde hacía cuatro años, asaltaban al pontífice constantes ataques de hipo, tratados por más de diez especialistas, que nunca pudieron saber qué los provocaba.

El papa Pío XII fue sustituido por Angelo Giuseppe Roncalli, quien tomó el nombre de Juan XXIII. Cercano a los 78 años, el pontífice fue visto únicamente como un "Papa de transición" y sorprendió al mundo cuando convocó al Concilio Vaticano II en octubre de 1962. Quería la consolidación de la fe católica, la renovación de las costumbres cristianas y en especial, la adaptación de la vida eclesiástica a los nuevos tiempos.

Monseñor Baziak murió el mismo año del Concilio, por eso quedó vacante la titularidad de la segunda diócesis en orden de relevancia de Polonia. El cabildo llamó como Vicario Capitular y Administrador Provisional al obispo auxiliar Wojtyla, hasta que la Santa Sede nombrara al ordinario.

En la inauguración del Concilio ecuménico, llevada a cabo el 11 de octubre de 1962, monseñor Wojtyla ocupó su lugar en uno de los dos mil quinientos asientos de la Basílica de San Pedro. De ellos, el 37 por ciento eran padres conciliares de Europa; el 33 por ciento de América y el 30 por ciento restante eran representantes de África, Asia, Australia y Oceanía. Ésa era la primera vez que el catolicismo de todo el mundo estaba representado.

El obispo polaco despuntó dentro del aula conciliar por su conocimiento y manejo de idiomas: el latín, lengua oficial y universal de la Iglesia, también sabía expresarse en alemán, francés, italiano, inglés y español además de su lengua natal.

Gracias a eso se convirtió en una pieza clave para la comunicación entre los padres conciliares de todo el mundo, hasta el grado de realizar unas sesenta intervenciones.

Después de siete semanas de intercambios, las deliberaciones del Concilio no concluyeron nada; el papa Juan XXIII convocó a continuarlas el próximo verano. Monseñor Wojtyla regresó a su diócesis. El 3 de junio de 1963, moría el Papa y Wojtyla, como todos, lo lamentó mucho. Dos semanas después los cardenales se habían reunido en un breve cónclave y eligieron como su sucesor a Giovanni Battista Montini, quien adoptaría el nombre de Pablo VI.

La segunda sesión del Concilio se reanudó el 29 de septiembre de ese mismo año; Wojtyla asistía en calidad de vicario capitular de Cracovia, ahí informó a la Asamblea sobre la falta de libertad religiosa en los países del Este. Esto llamó la atención de los padres conciliares.

Días después pidió la palabra de nuevo, pero esta vez lo hizo para presentar sus ideas sobre lo que debía ser la misión de la Iglesia en el mundo de hoy. El célebre Esquema 13, que trata este tema, necesitaba una revisión y a Karol Wojtyla lo designaron para ahondar en él y redactar lo que se llamaría la *Constituzione Gaudium et spes*. Con esto, los padres conciliares observaron las habilidades del padre Wojtyla.

Por vez primera se enfrentaban aquellos sacerdotes del Concilio a lo que dañaba la práctica religiosa en los países socialistas. Dictaminaron que Wojtyla poseía una visión pastoral universal.

A pesar del prestigio conciliar que consiguió, él continuó siendo un hombre espontáneo, de buen carácter y sencillo. Jerzy Kluger, el amigo de la infancia que tuvo que abandonar

Polonia con su padre en 1939 por ser judío, había desaparecido de la vida del obispo, pero no de su memoria. Un día de 1964, en Roma, lo cuenta él mismo Kluger:

> Leí en un periódico que pronunció un discurso en el aula conciliar el arzobispo de Cracovia, monseñor Wojtyla. ¿Sería mi viejo amigo? Ni siquiera sabía que se hubiera hecho sacerdote. Decidí llamar al Colegio polaco y me dijeron que había salido. Dejé mi nombre y mi teléfono, si es él me reconocerá, y podrá llamarme. Si no lo es, no me llamará. Dos horas después, sonaba mi teléfono, con la voz emocionada de un viejo compañero que me pedía que fuera a verle inmediatamente.

El Concilio terminó el 4 de diciembre de 1963. Wojtyla realizó una peregrinación a Tierra Santa, acompañado de un grupo de obispos polacos. Visitó Belén y después fueron a lugares emblemáticos, como una gruta, donde cuenta la leyenda que María alimentó a Jesús con leche materna que brotaba de la roca. También hizo parada en el Muro de las Lamentaciones, así como en Taizé, el monasterio abierto a todos los jóvenes del mundo.

En 1964, el cardenal Wyszynski recibió de la Santa Sede una terna de candidatos a arzobispo. Podía ejercer su derecho de veto, pero Karol apoyado por grupos aristocráticos y por algunos sectores del Partido Comunista, fue elegido. Al cardenal le daban desconfianza los intelectuales y veía demasiado politizado a Wojtyla, aunque también creía que algún día por ser inexperto podía ser manipulable.

El 8 de marzo se realizó la solemne toma de posesión y quedó al frente de una diócesis de mil quinientos sacerdotes, mil quinientas monjas, un número igual de religiosos no sacerdotes y ciento noventa y un seminaristas. A sus 44 años se convirtió en el arzobispo más joven de Polonia.

Ya como arzobispo destinó toda su energía a las tareas más urgentes: una de ellas, la celebración, en 1966, de los mil años de cristianización, con una peregrinación a la Virgen Negra de Czestochowa, autorizada por un gobierno que no veía con buenos ojos nada de eso.

El cardenal Wyszynski tenía en mente al papa Pablo VI para que presidiera las celebraciones, pero el gobierno ni siquiera le concedió el pasaporte para viajar a Roma a fin de que entregara la invitación. El Episcopado decidió entonces que el arzobispo Wojtyla debía celebrar la misa solemne del jubileo y esto se repitió por toda Polonia en otras cincuenta y tres misas conmemorativas del milenio.

Otra tarea fundamental era la construcción de iglesias, en especial en los nuevos barrios de Cracovia, como el de Nowa Huta –Nueva Siderurgia– modelo de urbanismo proletario concebido en 1949 y símbolo de la Polonia socialista y de la nueva ideología atea. Habitaban hacinadas unas ciento veinte mil personas. Era casi imposible pensar que ahí se podía construir un templo.

En 1960 el obispo de Cracovia había solicitado permiso para edificar una iglesia, construirla en un terreno baldío que, después de mucha insistencia, se concedió. Los interminables trámites burocráticos evitaron el inicio de las obras hasta que una noche, en un lugar llamado Mistrzejowice, se clavó anónimamente una cruz de madera a la que defenderían grupos de cristianos, jóvenes obreros y mujeres ancianas. La autoridad se presentó a dispersar a la gente con gases lacrimógenos, pero ni así se renunció a la cruz.

Las autoridades se habían aprestado a tumbar la cruz, pero los obreros salieron a las calles a enfrentarse con la policía. Tan importante era aquel sitio que la misa del domingo se oficiaba junto a la calle y desafiaban a la policía. La misa dominical ante esta cruz se volvió una tradición. La noche de Navidad de 1971, a pesar de las autoridades, monseñor Wojtyla ofició la Misa del Gallo a la luz de las velas frente a una multitud católica que cantaba exaltada, pese al duro invierno polaco.

Diecisiete años después de que iniciara esa batalla las autoridades se rindieron. El 15 de mayo de 1977, ya como cardenal, Wojtyla consagró la primera iglesia de Nowa Huta, un templo moderno en forma de nave, edificado en la esquina de las avenidas de Karl Marx y Gran Proletariado. Karol Wojtyla lo relata así:

> Expliqué a los gobernantes que aquellos obreros reclamaban su iglesia porque eran creyentes. Son obreros de la sociedad socialista, naturalmente, pero están apegados a sus tradiciones religiosas: son hijos de la Iglesia Católica. Negarles el templo sería una falta de realismo, un apriorismo.

En esta etapa, hacia 1966, Karol conoció a Stanislaw Dziwisz, párroco de un pueblo en la montaña. Nacido en Raba, al sur de Cracovia, en el seno de una familia humilde y rural, había ido a la capital a estudiar como bibliotecario del seminario. Wojtyla lo eligió como su "paje", que aquí significa aquel que asiste a un obispo. Más allá de su secretario personal, Dziwisz fue siempre confidente del prelado y a veces su compañero de esquí.

El rápido ascenso

Pablo VI pensaba que el obispo de Cracovia era el mejor candidato para ocupar el puesto de cardenal. Por ese motivo se reunió con el obispo polaco el 20 de abril de 1967. De inmediato le habló de su propósito, ya que de esa manera se establecerían relaciones diplomáticas entre Polonia y la Santa Sede.

Para el 29 de mayo de ese mismo año, el Papa había preparado una lista con los nombres de veintisiete nuevos cardenales. Karol Wojtyla resaltaba ya que continuaba encargándose de puestos importantes de la jerarquía eclesiástica a temprana edad. Entonces, el polaco contaba con tan sólo 47 años. Solamente el arzobispo de Berlín, que también sería nombrado cardenal, monseñor Bengsh, era más joven que Wojtyla.

El nombramiento alegró a los polacos católicos. La grey admiraba al prelado por saber sortear su carácter de intelectual reformista y progresista con su devoción cristiana. El otro cardenal polaco, Wyszynski, era en cambio más conservador y tradicional. Todo el mundo lo veía como un preso del gobierno marxista que le impedía abandonar el país. Sin duda el carácter de Karol Wojtyla se convertía en una pieza clave para el Sumo Pontífice en su política de apertura hacia el Este.

Algunos eclesiásticos querían originar una división entre los dos cardenales. El cardenal Wojtyla siempre tomó esas versiones con humor. En uno de los sínodos de obispos en Roma, Wojtyla propuso, durante el fin de semana, que se le unieran a esquiar. Lo miraron con extrañeza. "¿A esquiar dice usted, Eminencia?, preguntó uno de ellos. —Sí, claro. A esquiar. ¿Es que aquí en Italia los cardenales no esquían?— Le contestaron que no. "Pues en Polonia, 40 por ciento de los cardenales suele hacerlo. Sorprendidos le repusieron "¿por qué dice usted 40 por ciento? Que sepamos, en Polonia hay tan sólo dos cardenales, Wyszynski y usted". A lo que, divertido, Wojtyla contestó "sí, pero no me negarán —dijo bromeando— que el cardenal Wyszynski cuenta, por lo menos, como un 60 por ciento de los cardenales".

La policía secreta del régimen, conocida como UB, preparó en 1967 un informe confidencial de cinco páginas titulado "Nuestras tácticas con los cardenales Wyszynski y Woyjtyla". En él se decía que el primero había usado su anticomunismo para convertirse en obispo. En cambio, se mencionaba al segundo como "uno de los escasos intelectuales del Episcopado polaco", ¿que se mantenía al margen de "actividades políticas anti estatales". Como conclusión, el análisis alentaba "iniciar encuentros de alto nivel con Wojtyla y continuar demostrando nuestra aversión hacia Wyszynski".

El propio Juan Pablo II demostraría, al paso de los años, que esa supuesta rivalidad era falsa. El 25 de mayo de 1981, desde la clínica Gemelli donde se recuperaba de uno de los dos atentados que sufrió, el Santo Padre habló por última vez por teléfono con Wyszynski, quien agonizaba en Varsovia y le imploraba su bendición. Su Santidad bendijo entonces "su boca y sus manos". Eso implicaba que avalaba las palabras y las acciones del Primado de Polonia.

Wojtyla tenía una gran intuición política, como cardenal de Polonia, expresó su incansable lucha por las libertades, especialmente en tiempos difíciles como en 1968, el año de la "primavera de Praga", cuando el ejército soviético reprimió a los estudiantes que se pronunciaban en contra de las formas totalitarias y burocráticas del régimen soviético. Los soldados ocuparon de inmediato la Universidad y arrestaron a los "revoltosos". La escena se repitió en instituciones de educación superior de Poznan, Katowice, Cracovia y Gdansk.

Los cardenales se solidarizaron con la causa estudiantil y dirigieron una carta al presidente del Consejo:

> El Episcopado polaco no puede dejar de comprender plenamente la indignación de nuestra juventud. El 8 de junio de ese año, el cardenal Wojtyla pronunció un sermón en Saomierz en el que evocó la ocupación rusa y en el que dejó entrever que no permanecerían ajenos, obispos y sacerdotes nunca permitieron la rusificación de la Iglesia... La unidad de la Iglesia dentro de la nación siempre fue, y sigue siendo, el significado fundamental tanto de la nación polaca como de la Iglesia.

Ese concepto lo resumió en su libro *Persona y acción* (Biblioteca Palabra, 2011), que se publicó ese mismo año y en el que habla de la libre elección entre lo que es y lo que debe ser. Esto significa, el acto moral. Para él, el autodominio es lo que permite dirimir esa disyuntiva. Sostiene que el centro del hombre no está en el cuerpo ni en la psique, sino en el hecho ético, que hace que la mente, el espíritu y el cuerpo se fusionen en la persona. No olvidemos que Wojtyla enseñó ética y había trabajado ampliamente el tema. Al teorizar sobre el individualismo y el colectivismo, llega a la conclusión de que ambos extremos son negativos y que lo que se requiere es la solidaridad y el bien común.

También fueron esas épocas en las que reafirmó sus ideas al promover instituciones como el Instituto de la Familia de Cracovia, que luchaba contra el aborto, a través de una estrategia denominada "SOS cardenal Wojtyla", con la que se ayudaba y orientaba a las madres que se enfrentaban al dilema de tener o no un hijo.

Esas acciones coincidieron con una polémica encíclica que publicó el papa Pablo VI: *Humanae vitae*, en la que no sólo sancionó el aborto y la anticoncepción, sino el uso de métodos artificiales para el control de la natalidad, como la "píldora", posición que para muchos no debía sostenerse de ninguna manera.

En la década de 1970, Wojtyla comenzó a viajar, otra de las características que más tarde sellaría su pontificado. Además de sus frecuentes estancias en Roma, en 1973 viajó a Australia con escalas en Karachi, Bangkok y Manila. Fue a Bélgica y a Lovaina, y en 1974 acudió a Checoslovaquia al sepelio del cardenal Stefan Trochta, quien había mal vivido una década en cárceles comunistas. También llegó a Frankfurt.

Todas estas experiencias le permitieron adquirir información para redactar el Informe Teológico sobre la Evangelización que le encargó personalmente Pablo VI. Allí dispone que el Evangelio, más allá del anuncio del Reino de Dios, es también una fuente de reflexión para entender y actuar en el mundo moderno. Agrega que el papel de la Iglesia es también defender los derechos de los seres humanos cuando son quebrantados y que puede protestar con energía cuando la libertad religiosa está bajo amenaza. Estas ideas las publicó el Papa en su *Evangeli nuntiandi* que fue una exhortación apostólica de Pablo VI sobre la evangelización en el mundo moderno.

Durante la procesión del Corpus Christi de 1976, el cardenal dio cuatro discursos. En uno de ellos se refirió a hechos concretos de heroísmo de católicos polacos en la defensa de su fe: un muchacho que acepta, con la aprobación de su madre, ser expulsado del colegio porque se niega a quitarse la pequeña cruz que cuelga de su cuello; y las dificultades que enfrenta una joven pareja por haber cedido una habitación de su casa para montar un centro de catecismo.

Se me reprocha a menudo porque hablo de estas cosas. Pero, ¿cómo podría callarme? ¿Cómo podría dejar de escribir? ¿Cómo podría no intervenir? Toda causa como éstas, se trate de un muchacho, de una madre, de uno de nosotros, simple o culto, profesor universitario o estudiante, toda causa como éstas es ¡nuestra causa común! Y yo debo ser el primer servidor de esta gran causa del hombre. Porque la causa de la libertad espiritual del hombre, de la libertad de las conciencias, de la libertad religiosa, ¡es una gran causa humana! ¡Del hombre de siempre, del hombre de hoy!

Mientras tanto en Polonia la atmósfera se ponía densa: protestaban los obreros, los ferrocarrileros se fueron a huelga y los precios de los productos básicos se incrementaron hasta volverse inaccesibles. El cardenal Wojtyla no pudo mantenerse al margen de todo eso, por lo que en su homilía de Navidad afirmó que "cuando un pueblo está herido y sufriendo, la Iglesia acude en su ayuda sin ninguna motivación política, sólo desde motivaciones de amor cristiano y cristiana solidaridad".

Toda esta actividad y su férrea defensa de la libertad espiritual, de la libertad de conciencia y de la libertad religiosa le comenzaron a ganar prestigio internacional. En 1976 viajó a Filadelfia, Estados Unidos, para participar en el Congreso Eucarístico Internacional, además de dictar una conferencia en la Universidad de Harvard, donde el periódico local apuntó esta frase: "Previsible sucesor de Pablo VI". En ese momento no sería posible, pero resultó una profecía.

Capítulo 2

De Roma al mundo

El peso de la cruz

Para 1974 la salud de Pablo VI decaía a grandes pasos. No sólo padecía de artrosis sino que tuvo problemas de riñón, de próstata y de bronquios. En la misa de la Asunción, el 15 de agosto de 1977, había dicho a sus feligreses, "quien sabe si yo, viejo ya como estoy, podré esperar a celebrar otra vez con vosotros esta fecha".

Sobrevivió cuatro años más, hasta que el 6 de agosto de 1978 murió de un ataque al corazón en Castel Gandolfo. Los cardenales de la Iglesia precisaban congregarse. En aquel momento, el cardenal Wojtyla se encontraba de vacaciones, pero cuando supo de la noticia, regresó a Cracovia para viajar de inmediato a Roma.

Un par de semanas después, justo el 25 de agosto, fecha en la que se celebra a la Virgen de Czestochowa, la Patrona de Polonia, se siguió el ritual cardenalicio para elegir al nuevo Papa. Se reunieron ciento once cardenales para nombrar al sucesor de San Pedro. Dos cardenales polacos se hallaban en el cónclave: Estefan Wyszynski y Karol Wojtyla, ambos habían sido cercanos a Pablo VI, sin embargo todos dudaban que un extranjero pudiera ocupar la silla de San Pedro. Estaban seguros que el sucesor sería un italiano.

Tanto los grandes teólogos, como los estudiosos de la Iglesia y los fieles católicos coincidieron en los atributos que el nuevo Papa debía concentrar: una mayor apertura al mundo sin perder su tutela espiritual. Necesitaban a un representante de la Iglesia que fuera un mediador ecuménico y que, ante todo, sonriera frente a su grey.

El papado se le otorgó al cardenal Albino Luciani, quien adoptó el nombre de Juan Pablo I. Era, por cierto, un hombre muy sonriente. En Italia se le recuerda como *Il Papa del Sorriso* (el Papa de la sonrisa). Con su investidura de nuevo pontífice, declaró: "una gran tempestad cae sobre mí". Quizá realmente lo sintió así, porque, para sorpresa del Vaticano y del mundo entero, murió de un infarto a los treinta y tres días de haber iniciado la más alta labor apostólica, el papado.

Juan Pablo I fue encontrado sentado en su cama "con los ojos abiertos, la cabeza inclinada, el rostro sereno, la boca entreabierta con una leve sonrisa, el brazo derecho extendido como si acabara de leer. Estaba muerto". La descripción la dio sor Vicenza, una de las religiosas que lo atendían.

Pocos días antes de este suceso, el cardenal de Cracovia celebraba su vigésimo aniversario como obispo con una exposición fotográfica en la catedral de Wawel. Luego viajó a la República Federal de Alemania para atender una invitación del cardenal Höffner y regresó pronto a Polonia.

En Roma, la muerte de Juan Pablo I causó sospechas, lo mismo que en otros confines del mundo. Muchas personas apostaban por un asesinato. Lo cierto es que no se había llevado a cabo la autopsia del Papa. Con gran premura se llevaron a cabo sus exequias. Informes solicitados por la propia Santa Sede se inclinaron por la hipótesis de que Juan Pablo I no había resistido la gran responsabilidad impuesta. El caso es que su muerte parecía un rayo en cielo sereno, puesto que, antes de asumir el pontificado, gozaba de buena salud.

El 2 de octubre el cardenal Wojtyla viajó de nueva cuenta a Roma, junto con el cardenal Wyszynski. Se preparaban para un nuevo cónclave. Era necesario escoger al sucesor de Juan Pablo I.

Cuando arribó al aeropuerto Leonardo da Vinci varios fotógrafos de la prensa se le acercaron para retratarlo. Debe haberle parecido algo inútil, porque a uno de los reporteros, en tono de broma, le dijo, "¿verdad que usted no se imagina siquiera que yo vaya a ser Papa? ¿Por qué hace tantas fotografías?".

En esa ocasión, Wojtyla se alojó en el Colegio Polaco de Piazza Remuria, en el Aventino. Hacía unos días apenas, antes de que muriera Juan Pablo I, había considerado ante sus fieles, en el santuario de Moglia, que "el Papado es una dignidad muy alta, pero también una cruz muy pesada. El nuevo Papa se ha echado encima la cruz del hombre moderno. La cruz de la familia humana contemporánea. La cruz de todas sus tensiones y peligros".

En algunos diarios italianos se nombraba ya a tres cardenales que podrían ocupar el lugar de San Pedro. Los papables eran el argentino Eduardo Pironio, el holandés Johannes Willebrands y el polaco Karol Wojtyla.

De nuevo, los ciento once cardenales se agruparon para tomar la difícil decisión de designar a un nuevo pontífice.

Durante la mañana del 14 de octubre, los electores conce-lebraron la Santa Misa en el altar de la Confesión de San Pedro. Después descansaron un rato, para principiar la reu-nión en la que habría de designarse al nuevo Papa. Se regis-traba el cónclave LXXXI en la historia de la Iglesia católica. La puerta de la maravillosa Capilla Sixtina se cerró a las cin-co de la tarde. El arzobispo de Cracovia, el cardenal Wojtyla, había sido el último en llegar, porque siempre que se encon-traba en Roma peregrinaba hasta el santuario de la Mento-rella, que se sitúa a 40 kilómetros de Roma. Ese día no fue una excepción. El polaco expresaba así su amor a la Virgen.

El cardenal se bajó del auto que lo llevaba a Mentorella, 12 kilómetros antes del santuario. Caminó, monte arriba para peregrinar y según dijo después, lo hizo también "para mantenerse en forma". Wojtyla siempre que podía, respon-día con gran sentido del humor.

El regreso del santuario se complicó. El coche que lo con-dujo se descompuso, así que el cardenal tuvo que arreglárse-las solo para acudir al cónclave. Se subió en un autobús, que conducía un chofer llamado Cándido Nardi y que supuso que aquel hombre era un sacerdote, común y corriente. Su-pondría que el cura hacía algo de turismo, ya que el polaco se bajó en la Plaza de San Pedro. Cuando, días más tarde, descubrió en la televisión que aquel cura devoto de la virgen era el nuevo Papa, se quedó perplejo. Gracias a él, el futuro Pontífice había acudido a la reunión más importante de la Iglesia católica.

"No tengáis miedo"

Algunos cardenales, como el de Viena, Franz Köning y el de Filadelfia, John Cardinal Krol, coincidían en que un Papa con enjundia, vivaracho y dedicado en cuerpo y alma a la madre Iglesia debería ocupar el más alto grado eclesiástico en el Vaticano. Recordemos, además, que el pontífice es un jefe de Estado, por lo que Köning y Cardinal Krol también trazaban un perfil político de su posible candidato. Quizá, pensaban, un eclesiástico de Europa del Este. Semejante perfil lo llenaba Wojtyla.

Para otros cardenales parecía como si la resolución descansara en dos potenciales elegibles, el arzobispo de Génova, Giuseppe Siri, un conservador, y el de Florencia, Giovanni Benelli, más abierto.

Lo que ocurría en la Capilla Sixtina se colaba a los medios de comunicación. El domingo 15, el semanario *Time* afirmaba que Siri y Benelli habían obtenido la mayoría de los votos, por lo menos en la primera ronda. En cambio, *Newsweek* informaba que esos cardenales recibieron veinticinco y treinta y cinco votos respectivamente. En una segunda vuelta, el florentino aventajaba al genovés, lo cual no fue del agrado de los cardenales conservadores. Ante la falta de consenso, surgía un nuevo nombre, Ugo Poletti, vicario de Roma.

Con gran habilidad, el cardenal Köning expresó su idea de elegir a un Papa extranjero, un hombre intelectual y con experiencia. Era una sugerencia audaz, ya que el último Pontífice oriundo de tierras no italianas, Adriano VI, había sido un holandés electo en el lejano año de 1522.

¿Deberían elegir un papa no italiano? ¿Era sensato? Hubo

dudas, confusión y ninguno de los candidatos consiguió el 75 por ciento de los votos. En la octava vuelta, en aquel universo de ministros de Dios, todos vestidos de rojo, Sebastiano Baggio, prefecto de la Congregación de Obispos, votó por el cardenal de Cracovia. Muchos más se unieron a la elección de Baggio. Karol Wojtyla alcanzó noventa y cuatro votos a su favor.

La tarde del lunes 16 de octubre de 1978 a las seis y dieciocho, el cardenal Jean-Marie Villot, en su calidad de camarlengo, le preguntó a Wojtyla, en solemne latín, si aceptaría tan alta investidura, según las normas del Derecho Canónico. Wojtyla asintió de inmediato:

> Es la voluntad de Dios. En la obediencia de la fe ante Cristo, mi Señor, abandonándome a la Madre de Cristo y a la Iglesia y consciente de las grandes dificultades, acepto.

–*Habemus Papa* –dijeron los cardenales su clásica frase. Todos en aquel reciento aplaudieron, mientras se esparcía la fumata blanca para advertir a quienes aguardaban en la Plaza de San Pedro, y al mundo entero, que ya había un Papa electo. Karol Wojtyla llegó a la sacristía que se encuentra tras el altar de la Capilla Sixtina, Cesare Tassi, sacristán de la capilla, tenía preparadas ya las tres tallas de la sotana blanca elaboradas por Annibale Gammarelli. Una de ellas la llevaría puesta el nuevo pastor de almas.

Según el protocolo, el recién nombrado pontífice debe sentarse en una silla que se dispone en el centro de la capilla para que los cardenales se le acerquen y le juren obediencia. Pero Wojtyla rechazó sentarse. "Recibiré a mis hermanos de pie" y fue así como los abrazó a uno por uno. Cuando llegó el turno de Wyszynski, el nuevo Papa lo estrechó con enorme entusiasmo.

El nuevo sucesor de Pedro cruzó por los salones Real y Ducal hasta llegar al balcón que da a la Plaza de San Pedro, donde ya lo aguardaba impaciente la multitud. Fue el cardenal Pericle Felici, quien promulgó, en latín, el nombre del heredero de San Pedro: *Carolus*. Primero hubo un breve silencio, hasta que irrumpió el contento general. A todos pareció gustarles que el pontífice se llamara Juan Pablo II.

Juan Pablo II cambió los gestos de sus antecesores y no cruzó las manos sobre el pecho. Se apoyó en el balcón con enorme seguridad. Sabía que no sólo era el nuevo Papa de la Iglesia sino un jefe de Estado. Esto fue lo que dijo:

> Alabado sea Jesucristo. Queridísimos hermanos y hermanas: estamos aún todos dolidos por la muerte del queridísimo Papa Juan Pablo I. Y he aquí que los eminentísimos cardenales han llamado a un nuevo Obispo de Roma. Lo han llamado de un país lejano. Lejano pero siempre tan cercano por la comunión de la fe y la tradición cristiana. He tenido miedo de recibir este nombramiento, pero lo he hecho con espíritu de obediencia a Dios Nuestro Señor y en la confianza total a su madre, la Virgen Santísima. Y así me presento a vosotros, para confesar nuestra fe común, nuestra esperanza, nuestra confianza en la madre de Cristo y de la Iglesia, y también para comenzar de nuevo por este camino de la historia de la Iglesia, con la ayuda de Dios y la ayuda de los hombres.

Los fieles católicos que asistieron a la plaza de San Pedro aplaudían y ovacionaban al nuevo representante del catolicismo. La prensa del mundo transmitía la noticia y los editorialistas de los diarios escribían sobre el nuevo pontífice y analizaban su elección.

La Repubblica, diario italiano, alabó la decisión de los cardenales. Primero, se complacía porque hubieran elegido a un polaco, lo cual rompía con la usanza y esto ya llevaba aires de renovación. Segundo, Wojtyla era un hombre joven. Lo calificaron como "intelectual", "poeta" y, desde luego, como pastor. Era ecuménico y progresista. La gran pregunta consistía en su posición en cuanto al comunismo.

En Polonia no hubo anuncio oficial. Se esperaba a que el Partido Comunista tomara una postura al respecto. Sin embargo, muchos polacos se enteraron de la noticia, gracias a las radiodifusoras internacionales. En Cracovia, la Catedral de Wavel no dejó de repicar sus campanas, la gente se desperdigó por las calles portando velas, ramos de flores y atendieron misa.

En su primer domingo como Jefe de la Iglesia Católica, el 22 de octubre de 1978, en la Plaza de San Pedro, se juntaron más de trescientas mil personas que rezaban agradecidos por encontrarse cerca del Papa.

El escritor francés, Andrè Frossard de familia atea y cuyo padre fue fundador del partido comunista francés, formó parte de la delegación oficial que representaba a Francia cuando eligieron a Karol Wojtyla. Frossard, que participó en la segunda guerra mundial y sobrevivió a un campo de concentración, había experimentado una profunda conversión al catolicismo, a los 20 años de edad, cuando entró a una capilla del Barrio Latino en París. Su descripción de lo sucedido en la Plaza de San Pedro es la siguiente:

El Santo Padre apareció en la escalinata de la Basílica con un gran crucifijo colocado delante, como un espadón empuñado con las dos manos. Llegó a la Plaza y pronunció tres palabras que sonaron como las salvas de un cañón, "¡No tengáis miedo!". Produjeron tal efecto en la multitud que vi llorar de emoción a los diplomáticos a mi alrededor y los diplomáticos no tienen la lágrima fácil en las ceremonias oficiales. Yo pensé, "¿por qué este hombre ha causado semejante impresión?". Sabíamos que venía de Polonia, sin embargo, a mí me pareció que acababa de dejar las redes en la orilla del lago y llegaba directamente de Galilea, pisándole los talones al apóstol Pedro. Nunca en mi vida me he sentido tan cerca del Evangelio.

Aquella mañana otoñal, muchos más que habían presenciado aquella escena, dijeron que la presencia de Juan Pablo II los había arrobado y les había conferido una fe poderosa, amén de una gran esperanza en el futuro. El Papa había arengado a su grey, "¡no tengáis miedo; abrid las puertas a Cristo!"

Los reunidos en la gran plaza se emocionaron. A no pocos se les nublaron los ojos.

Aquel, había sido un año difícil para Italia. La revista *Time*, en uno de sus números, tituló la carátula con un: *"Italy in torment"* (Italia en el tomento). Las tragedias comenzaron con la muerte de Aldo Moro, ministro del país en dos ocasiones, líder de la democracia cristiana e intelectual. Lo secuestraron las Brigadas Rojas, grupo que del marxismo leninismo pasó al terrorismo. Pablo VI había implorado que no se le quitara la vida a un gran estadista quien, además, era su amigo querido. Sin piedad, lo mataron. Poco después, el papa Pablo VI, enfermo y preocupado por Italia, moría en Castel Gandolfo. Luego, su sucesor, el Papa Luciani, Juan pablo I, el papa sonriente, fallece sorpresivamente a tan sólo treinta y tres días de haber sido elegido pontífice.

En aquel contexto, el cardenal Wojtyla, ahora Papa, representaba, por lo tanto, el anhelo de que todo fuese mejor para Italia. Así iniciaba su primera homilía, Juan Pablo II:

> ¡Hermanos y hermanas! ¡No tengáis miedo de acoger a Cristo y de aceptar su potestad! ¡Ayudad al Papa y a todos los que quieren servir a Cristo y, con la potestad de Cristo, servir al hombre y a la humanidad entera! ¡No temáis! ¡Abrid, más todavía, abrid de par en par las puertas a Cristo! Abrid a su potestad salvadora los confines de los Estados, los sistemas económicos y políticos, los extensos campos de la cultura, de la civilización y del desarrollo. ¡No tengáis miedo! Cristo conoce lo que hay dentro del hombre. ¡Sólo Él lo conoce! Permitid, pues, —os lo ruego, os lo suplico con humildad y confianza— permitid a Cristo que hable al hombre. Solamente Él tiene palabras de vida; sí, de vida eterna.

Los fieles debieron escuchar esas palabras como una oración de aliento. Muchos percibían una gran energía que emanaba desde el balcón donde había hablado el Papa polaco. Segundos después, hubo un gran aplauso que resonó en la plaza de San Pedro. De pronto, una parvada de palomas surcó el cielo romano revoloteando y se perdió tras las cúpulas.

Roberto Tucci, cardenal organizador de los viajes de Juan Pablo II, reveló el porqué del mensaje principal del nuevo papa, que llamaba a no tener miedo. Juan Pablo II padeció dos brutales embates, uno, el avance del nazismo, que justamente se inició en Polonia y, más tarde, la dictadura comunista. Sin embargo, nunca perdió ni la fe ni la esperanza que tenía puestas en la libertad y en la justicia.

El peregrinar mundial

México

El papa Juan Pablo II convocó a su primera rueda de prensa el lunes 23 de octubre. Saludó de mano a los reporteros y rompió así con el anquilosado protocolo. La prensa lo abordó como a un líder político y se permitió algunas preguntas chuscas con el pontífice.

- – ¿Se siente prisionero en el Vaticano?
- – Pero si solo llevo cinco días.
- – ¿Irá a Rusia?
- – Por qué no.
- – ¿Volverá a esquiar?
- – Ah, no sé si me darán permiso para eso. Pero esperemos, nunca se sabe.
- – ¿Convocará a más ruedas de prensa como ésta?
- – Ya veremos si me dejan y como me tratan ustedes.

Wojtyla reconocía que el papado era una tarea ardua, pero sonreía y bromeaba. En ese primer encuentro con los medios, esquivó el cinturón de seguridad y cogió la cámara fotográfica de uno de los reporteros para tomar una fotografía al perplejo periodista. "¡Diez mil dólares por esa foto", sugirió a voces el enviado de una revista estadounidense.

Wojtyla se convirtió en un Papa que daba la mano y se reía con la gente. Los comunicadores se encontraban asombrados, en especial los que habían conocido a otros papas muy solemnes. No olvidemos que el pontífice polaco había destacado como actor en su temprana juventud. No le amedrentaba el público y además poseía un gran carisma. Con su gran sentido del humor simpatizaba a quien tenía el privilegio de verlo. En cuanto a sus iniciales movimientos como jefe de Estado, ratificó al cardenal Jean Marie Villot como secretario de Estado y nombró a Agostino Casaroli como responsable de los Asuntos Públicos de la Iglesia, lo que equivaldría a ser un ministro de Relaciones Exteriores. Mientras que el español Eduardo Martínez Somalo fue nombrado sustituto en la Secretaría de Estado.

El Vaticano se acostumbró a que el Papa se saltara el protocolo. Se acercaba a los enfermos, cargaba a los niños en brazos y no se comportaba como una estatua viviente. Se tocaba la cabeza, se apoyaba en un codo y utilizaba un *jeep* blanco para las audiencias de los miércoles, así como el famoso "papamóvil", que lo caracterizó mundialmente.

Juan Pablo II no se quedó quieto, sentado en la silla de San Pedro. Viajó muchísimo. Sabía que era necesario para la Iglesia católica. Durante los 26 años y cuatro meses de su pontificado realizó ciento cuatro viajes apostólicos fuera de Italia en los que visitó ciento veintinueve países; además encabezó ciento cuarenta y seis recorridos por diversas regiones italianas. Como dominaba varios idiomas, hablaba la lengua de los sitios a donde llegaba. En Argentina dijo que "era el Papa gauche". Resultó extraño el adjetivo hasta que se entendió que era "el Papa gaucho".

Su primer viaje internacional ocurrió a los tres meses de haber sido nombrado pontífice, el 25 enero de 1979. Visito República Dominicana y luego México. Dos naciones de un continente mayoritariamente católico. Para él, estos desplazamientos hacia otros confines contenían un sentido evangelizador:

> El Papa va a las diferentes partes del mundo como mensajero del Evangelio para decir a tantos millones de hermanos y hermanas —niños, jóvenes, hombres, mujeres, trabajadores, intelectuales— que Dios los ama, que la Iglesia los ama, que el Papa los ama. Y para recibir de ellos la fuerza y el ejemplo de su bondad y su fe.

A Santo Domingo habían llegado los primeros evangelizadores, quizá por eso escogió Juan Pablo II ese país para visitar América Latina. Cuando bajó del avión, besó el suelo, lo cual haría en cada uno de los lugares a los que arribó, en señal de humildad y de respeto. Era el 25 de enero y hacía buen clima.

Después, Karol Wojtyla vino a México y regresó cuatro veces más. En aquella primera ocasión voló en un avión comercial de Aeroméxico. Ya en tierra firme besó el suelo, como sería su costumbre. Esa imagen quedó grabada en el corazón de varios millones de mexicanos y recorrió el mundo.

Como en ese tiempo México no mantenía relaciones diplomáticas con la Santa Sede, el entonces presidente José

López Portillo, recibió al pontífice como "distinguido visitante", sin darle trato de jefe del Estado. Cuando se despidió de él, le dijo que lo dejaba con su grey.

Durante seis días, Juan Pablo II se alojó en la Delegación Apostólica del Vaticano en México. El pueblo se encontraba de plácemes. El obispo de Roma se hospedó en el mismo lugar que el sumo pontífice, que hoy es la sede de la Nunciatura Apostólica, sobre la calle que ahora tiene el nombre de Juan Pablo II. Fuera de la casa, los fieles montaron guardia. El Papa estaba, felizmente, en México. Su presencia recibió una gran cobertura por parte de los medios.

Los católicos mexicanos organizaron porras y cantos a la intemperie. La canción de Roberto Carlos, "Amigo" parecía un himno en honor del Papa. La cantaban día y noche.

Contento y divertido, mientras sus fieles parecían orar por medio de sus cánticos, el pontífice se asomó por la ventana de su habitación para decirle a sus seguidores, "Papa quiere dormir, dejen dormir al Papa". La gente se encontraba tan conmovida, que no podía parar de llorar de alegría y de cantar.

Juan Pablo II fue a Puebla, visitó el hospital infantil de Cuilapam, Oaxaca, y visitó las ciudades de Guadalajara y Monterrey. Su trayecto completo fue transmitido por televisión y radio. En esos días la delincuencia disminuyó, la circulación de automóviles empeoró y el país se desbordó en su fe católica.

En el aeropuerto Benito Juárez, a punto de partir para Roma, miles de mexicanos reflejaron la luz del sol en espejos. Era una gran imagen, luminosa y llena de fervor.

Once años después, Juan Pablo II volvió a México. Estuvo del 6 al 14 de mayo de 1990, en los que recorrió la Ciudad de México, Veracruz, Aguascalientes, San Juan de los Lagos,

Jalisco, Durango, Chihuahua, Monterrey, Tuxtla Gutiérrez, Villahermosa, Tabasco y Zacatecas. El acto más importante de ese viaje se centró en la beatificación de Juan Diego, la cual se llevó a cabo en la Basílica de Guadalupe.

El 6 de mayo, en el balcón de la Basílica, se dirigió a los millones de mexicanos pendientes de su mensaje y de mirar los ojos del Santo Padre, "México sabe bailar. México sabe rezar, sabe cantar, pero más que todo sabe gritar. México siempre fiel". Esta última frase se convirtió en la referencia inmediata de Karol Wojtyla al pueblo mexicano.

En agosto de 1993, el papa Juan Pablo II realizó una corta visita a la península de Yucatán. Esa vez se sentía un ambiente tenso, producido por el asesinato del cardenal mexicano Juan Jesús Posadas ocurrido en mayo de ese mismo año.

Pero por otro lado, había cambiado el trato del gobierno mexicano hacia el Sumo Pontífice, ya que el 21 de septiembre de 1992, México reanudaba relaciones diplomáticas con la Santa Sede. El presidente Carlos Salinas de Gortari, en la recepción que le ofreció al Papa, se refirió a él como "Su Santidad".

En Izamal, Yucatán, en el aniversario 501 de la evangelización realizada por frailes españoles, Juan Pablo II consagró sus discursos a los indígenas, a todas las etnias de la región.

Fue, sin embargo, seis años más tarde, que el gobierno del presidente Ernesto Zedillo invitara al Papa a visitar México, en calidad de Jefe de Estado. Juan Pablo II llegó el 22 de enero de 1999, en un avión de Alitalia y el gobierno le brindó todos los honores.

En la capital del país sólo estuvo cuatro días, con una agenda completa, que incluyó reuniones multitudinarias en el Autódromo Hermanos Rodríguez y en el Estadio Azteca, donde, ante miles de personas dijo "estaré con ustedes hasta el fin de los días". Además el Papa afirmó, realmente ecuménico, que también era mexicano.

También visitó la Basílica de Guadalupe; ahí, en el Cerro del Tepeyac, lugar de las apariciones de la Virgen, proclamó el 12 de diciembre, día de la Guadalupana, como fiesta del continente americano. Wojtyla tenía una devoción mariana que trasladaba ahora a la virgen mexicana.

Ya muy enfermo, Juan Pablo II viajó de nuevo a México, a mitad del año 2002. Seguramente barruntaba su muerte. Se despedía de su México, "siempre fiel". Esa vez, Vicente Fox Quezada, presidente abiertamente católico, cuyo primer acto como mandatario había sido dar gracias a la Virgen del Tepeyac, besó el anillo del obispo de Roma al darle la bienvenida en el Aeropuerto Internacional de la Ciudad de México.

En este último viaje a tierra azteca, Juan Pablo II encabezó la ceremonia de canonización de Juan Diego en la Basílica, para ungirlo como el primer indígena elevado a los altares y el número 464 en su pontificado. También beatificó a los indígenas oaxaqueños Juan Bautista y Jacinto de Los Ángeles, asesinados el 16 de septiembre de 1700.

Como reportera, tuve la oportunidad de cubrir algunas de las visitas de Juan Pablo II. Me es imposible no conmoverme al escribir estas líneas y recordar detalles acerca del impacto que causaba y sigue causando Juan Pablo II en el pueblo mexicano.

Rememoro especialmente una escena en Insurgentes. En uno de los varios traslados que hizo Juan Pablo II a la sede de la Nunciatura Apostólica; una multitud había hecho guardia durante largas horas, sólo para verlo llegar, aunque sólo fuese por unos cuantos segundos.

El "papamóvil" llevaba un paso, más o menos acelerado, desde donde el pontífice saludaba y bendecía a sus fieles. "¡Qué rosada es su piel! Es como un ángel que inspira confianza, que regala espiritualidad y paz. Nunca había observado a alguien así. ¡Es un santo!", me comentó una mujer humilde, rosario en mano, enternecida al grado de las lágrimas, mientras continuaban las porras, "Juan Pablo, segundo, te quiere todo el mundo", "Juan Pablo, amigo, el pueblo está contigo" y "Juan Pablo, hermano, ya eres mexicano".

Polonia

Regresar a su país natal, Polonia, en calidad de Papa, se había convertido en uno de sus más anhelados sueños. Pero conseguirlo no fue tan fácil.

Iniciaba 1979, cuando se hizo pública su intención de viajar a Varsovia. Edward Gierek, secretario General del Partido Comunista, recibió una llamada de Leonid Ilich Brézhnev, secretario General del Comité Central del Partido Comunista de la Unión Soviética, donde le solicitaba impedir la visita de Wojtyla pues "causaría muchos problemas". El soviético sugería que el propio Papa la cancelara, aduciendo problemas de salud. Pero Gierek insistió, debido a que el pueblo polaco no aceptaría que se le cerraran las puertas al pontífice. Brézhnev argumentaba que los polacos "han sobrevivido y sobrevivirán" sin que un pontífice los visite. Al final, el polaco se impuso, pero el soviético le advirtió que "ojalá usted y el Partido no tengan que arrepentirse más tarde". Wojtyla, llevaba razón Brézhnev, provocó un revuelo incontenible.

El 2 de junio de 1979, Karol Wojtyla regresó a su país.

Los polacos lo festejaron. Se celebró una misa al aire libre en la Plaza de la Victoria, a la que asistieron cientos de miles. Llevando agua a su molino, el pontífice lanzó la primera embestida contra un régimen que desaprobaba los cultos:

> Excluir a Cristo de la historia del hombre es un acto contra el hombre mismo. Sin él no es posible entender la historia de Polonia.

No estaba en pie de guerra, porque llamó, con cuidado y diplomacia, a la importancia de convocar a "la unidad interna de mis compatriotas".

En Czestochowa estuvo tres días y pudo hablar con los fieles polacos varias veces. Llegar a Cracovia le despertó un mundo de nostalgia y de alegría. Llamaba a esa ciudad la "Roma polaca". Pasó por la casa en la que había nacido, en Wadowice, y terminó su visita, afónico ya, ofreciendo una misa en Nowy Targ, dirigida a miles de trabajadores.

No fue esa la única ocasión en que volvió a Polonia. Lo haría varias veces durante su papado. La primera fue relevante porque propició, indirectamente, el movimiento sindical "Solidaridad", dirigido por Lech Walesa. Más adelante esta organización se convertiría en un partido político y su líder llegó a la presidencia de Polonia. Karol Wojtyla regresó en junio de 1991, después de la caída del comunismo. Ocho años más tarde, del 5 al 17 de junio de 1999, volvió. Ese fue uno de sus viajes más largos fuera de Italia. Viajó por veinte ciudades. En agosto del 2002 ocurrió su última visita. Fue justamente en Cracovia que habló por primera vez sobre su muerte.

No en vano lo conocimos todos como el Papa viajero. En Francia estuvo siete veces; cinco en Estados Unidos, España y México; cuatro en Brasil y Suiza; tres en Alemania, Austria y República Dominicana. Muchos de sus viajes tuvieron significados históricos, como los que realizó, del 4 al 10 de septiembre de 1993, a Estonia, Letonia y Lituania, naciones de la ex Unión Soviética.

Realizó viajes que impactaron en la historia contemporánea; como el del 13 abril de 1997 a Sarajevo donde invitó a los diferentes grupos religiosos a que se perdonarán entré sí y buscaran la paz. En enero de 1998, viajó a Cuba, único país comunista en América. Del 20 al 26 de marzo de 2000, transitó por territorios jordanos y de la Tierra Santa. Visitó sitios sagrados en Israel y se introdujo en la parte palestina. En el 2001 estuvo en Siria y entró a una mezquita, acción inusitada para un Papa por la muestra de respeto a otros credos.

Haciendo historia

Juan Pablo II presenció el correr de la historia y en los últimos años del siglo pasado, fungió como un actor importante en los cambios sociales de Europa del Este.

El 13 de abril de 1986, visitó una sinagoga. El 27 de octubre de ese mismo año, durante la Jornada Mundial de la Oración por la Paz, en Asís, Italia, encabezó una reunión, en la que participaron los líderes de todas las religiones del mundo. Por fin, presidía el Vaticano un pontífice realmente ecuménico.

El 1 diciembre de 1989 se entrevistó con Mijail Gorbachov, presidente soviético, quien después de su encuentro con Juan Pablo II logró establecer libertad religiosa en la URSS.

Como escritor que era, en septiembre de 1988 publicó la carta apostólica "Mulieris dignitatem" sobre la dignidad de la mujer. Unos años después, el 7 diciembre de 1992, da a conocer el *Nuevo Catecismo Universal de la Iglesia Católica Romana*, el primero en casi cinco siglos. Continuó con su labor reformista, y, en octubre de 2002, por primera vez en nueve siglos, celebró el 24 aniversario de su pontificado dotando de cambios al rezo del rosario.

Su misión como jefe de Estado quedó inscrita muchas veces en el libro de la historia, como cuando la Santa Sede e Israel establecieron relaciones diplomáticas, el 28 diciembre de 1993. Con ello terminaban siglos de enemistad entre judíos y cristianos. El Papa aceptó posteriormente una invitación para viajar a Israel.

Karol Wojtyla se convirtió en un autor de *best-sellers*. El 17 octubre de 1994 se publicó su primer libro como papa, titulado *Cruzando el umbral de la esperanza*.

El 25 de marzo de 1995 anuncia la encíclica *Evangelium vitae* (El Evangelio de la vida), en la que reprobaba el aborto y la eutanasia. Esta postura originó gran polémica en el mundo. También descartó, el 18 de diciembre de 2004, el matrimonio entre personas del mismo sexo. Lo consideraba antinatural.

El 16 marzo de 1998, el Vaticano ofreció, por medio de un documento, disculpas en nombre de los católicos, que no pudieron auxiliar a los judíos durante la persecución nazi. Los judíos no se quedaron tranquilos y censuraron que en el comunicado se defendiera al papa Pío XII, quien gobernó la Iglesia Católica durante la II Guerra Mundial y cuya postura ante el fascismo aún se analiza.

El obispo de Roma no paraba. Quería festejar la llegada del tercer milenio, por lo que coordinó el Jubileo de 2000. El 24 de diciembre de ese año, el Papa mandó abrir la Puerta Santa de la Basílica de San Pedro, suceso que tuvo una audiencia de dos mil millones de personas del planeta. El acto continuó con la bendición *Urbi et Orbi* y la apertura de otra puerta santificada de la Basílica de Letrán. El mensaje del papa residió en la defensa de la vida, acabar con el aborto, las guerras, los campos de exterminio, el racismo y las falsas ideologías.

Organizó otros jubileos, el 2 de enero festejó el de los Niños, en compañía de ciento cincuenta mil pequeños, reunidos en la Plaza de San Pedro. En los meses siguientes destacaron jubileos para los periodistas, los artistas y los enfermos.

Por vez primera en la historia de la Iglesia Católica, que muchos entendieron como una "auto purificación sin precedentes", el 12 de marzo del año 2000, Juan Pablo II pide "perdón" a Dios por los pecados y las culpas en las que, en el pasado, incurrieron los católicos. Se refería al trato a los judíos, a los herejes, a las mujeres y a las minorías.

El 22 de noviembre de 2001, Juan Pablo II de nuevo realizó un acto público de contrición por las víctimas de abuso sexual de parte de sacerdotes y otros clérigos. En abril de 2002 reunió a los cardenales de la Iglesia Católica de Estados Unidos para dar la cara ante los escándalos de abuso sexual.

En febrero de 2003 se preocupaba por la guerra en Irak y afirmó que podía ser evitada. Y en junio de ese mismo año, se excusó por los crímenes cometidos por miembros de la comunidad católica en Croacia y Bosnia, divididas por una sangrienta guerra entre 1992 y 1995.

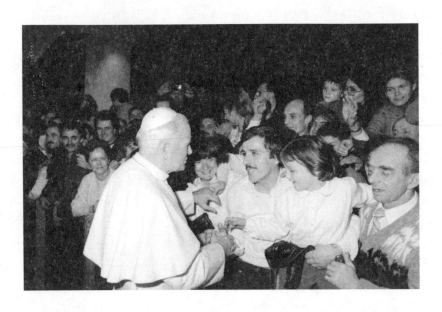

Capítulo 3

México siempre fiel
Juan Pablo II en México

El primer viaje, 1979

La autoridad anticlerical y la multa

"Yo en México descubrí que mi ministerio tendría que ser misionero porque en México el contacto con los fieles me hizo descubrir la necesidad de que el Papa esté cerca de ellos". Así escribió Juan Pablo II el impacto que le causó pisar tierras mexicanas en 1979 a pocos meses de haber asumido la jefatura de la Iglesia católica mundial; hecho que marcaría el resto de sus 26 años de labor como sucesor de Pedro en los que visitó 128 naciones.

México, junto con España, fue el tercer país más visitado por el Santo Padre, sólo después de su país natal, Polonia, donde estuvo en nueve ocasiones; Francia, a donde realizó ocho visitas; y las siete que hizo a Estados Unidos.

Pero, ¿por qué República Dominicana, México y Bahamas fueron las naciones incluidas en su primer viaje fuera de

Roma? El padre Roberto Neck, vocero del Arzobispado de Cracovia, me da las razones y me confiesa algo que no deja de sorprenderme.

México siempre ha sido un país muy religioso, pero en esa época (1979) tenía una autoridad muy anticlerical. El Papa decía, "si me dejan entrar a México, en Polonia podría ser más fácilmente recibido".

— En Polonia y en el resto del mundo — añado.

— Sí, México era como la llave para abrir la puerta de las peregrinaciones en todo el planeta ya que la situación para la Iglesia católica en su país y para los creyentes era muy difícil. De hecho, el Papa fue multado por llegar a México vistiendo los hábitos.

— ¿Fue multado?

— Sí porque en ese tiempo los sacerdotes no podían vestir con hábitos en actos oficiales. En Polonia se vivía una situación similar, aunque la gente estaba muy cerca de la Iglesia, la autoridad le era adversa. Así que el Santo Padre pensaba que si le permitían entrar a México, donde la situación era peor que en Polonia, podría llegar a cualquier otro país.

Quien fuera su secretario particular, Stanislaw Dziwisz, me comenta que el viaje a México era importante:

— Por las nuevas teorías que empezaban a aparecer en las Iglesias de los países de América del Sur, en especial la Teología de la Liberación. Era importante hacer frente a esas nuevas teorías y decirle al mundo que el marxismo no tenía futuro, el marxismo con el que se pretendía liberar de la pobreza a Latinoamérica, que esa cura era más peligrosa que la enfermedad. Esa peregrinación era muy importante para el Santo Padre porque le facilitó ir a Polonia ese mismo año—.

El recibimiento

Viernes 26 de enero de 1979. La fecha ansiada había llegado. Los medios, impresos y electrónicos, retrataban la expectación que reinaba en la sociedad por recibir al emisario de Cristo. Peregrinos de todos los rincones del país y también del extranjero, contados por millones (un cálculo aproximado hablaba de cinco millones), lo esperaba en el Aeropuerto Internacional de la Ciudad de México. Lo que más preocupaba a las autoridades civiles y religiosas era garantizar su seguridad.

Las transmisiones de televisión mostraban a Juan Pablo II abordar el avión de Aeroméxico que lo traería a tierra azteca. Un reducido público privilegiado lo esperaba acomodado en tribunas y gradas instaladas *ex professo*. Por fin, a las doce y cincuenta y cuatro se abrió la puerta del DC-10. El pueblo lo recibió con aplausos y agitando banderas con los colores de la Santa Sede, blanco y amarillo.

El presidente José López Portillo, acompañado de su esposa, Carmen Romano, al pie de la escalerilla, le dio la bienvenida. Hubo un momento de desconcierto cuando, antes de estrechar su mano, el Papa se arrodilló fuera de la alfombra color rojo, y besó el suelo de México. Era su manera de agradecer a Dios y al pueblo que lo recibía. Para nuestro país fue su primera bendición. Le dijo el mandatario mexicano:

Señor, sea usted bienvenido a México; que su misión de paz y concordia y los esfuerzos de justicia que realiza, tenga éxito en sus próximas jornadas. Lo dejo en manos de la jerarquía y fieles de su Iglesia, y que todo sea para bien de la humanidad.

"Ésa es mi misión y mi ministerio. Tengo una gran satisfacción de estar en México", le respondió. Después de saludar a la jerarquía católica mexicana y de vencer un alud de periodistas, saludó al pueblo instalado en las tribunas y abordó el pequeño autobús descapotado y que fue diseñado especialmente para sus trayectos. Así inició su recorrido rumbo a la Catedral Metropolitana.

En el recorrido se formaron dos vallas humanas en ambos lados. Una multitud delirante, que había esperado de pie bajo un sol inclemente durante horas, lo aclamaba sin parar con porras, "vivas" y aplausos. Lo hacían también desde balcones, terrazas, marquesinas, techos, postes de luz y de teléfono, e incluso desde árboles.

Al llegar al Zócalo se encontró con una multitud de más de cien mil personas que, atentos, siguieron desde la Plaza de la Constitución la homilía que pronunció en la Catedral, "hace apenas unas horas que pisé por vez primera, con honda conmoción, esta bendita tierra. Y ahora tengo la dicha de este encuentro con vosotros, con la Iglesia y el pueblo mexicanos, en éste que quiere ser el Día de México".

Así transcurrió la primera misa papal en territorio mexicano, en la que el Sumo Pontífice reiteró su devoción por la Virgen María. Al término, se trasladó en el mismo vehículo abierto a la sede de la Delegación Apostólica. Nunca dejó de saludar y bendecir a las millones de personas que esperaban verlo aunque fuera por escasos segundos.

Más de una vez dio la orden de que el vehículo se detuviera para poner su mano sobre la cabeza de un enfermo, para abrazar y besar a niños o para escuchar a quien quisiera dirigirle unas palabras. Esa actitud le valió que la inspiración popular le regalara frases como "Juan Pablo, Segundo, te quiere todo el mundo".

Tras un breve descanso en la Delegación Apostólica, emprendió el trayecto a la Residencia Oficial de Los Pinos. Llegó con más de una hora de retraso debido a las muestras de afecto del pueblo. La conversación privada duró sesenta minutos. No hubo detalles, aunque trascendió que hablaron de temas como la paz, el desarme, los derechos humanos y la justicia. Más tarde se reunió con el cuerpo diplomático acreditado ante el gobierno mexicano al que le pidió apoyar a los refugiados políticos.

Con ello concluyó su primer día de actividades públicas en México no sin antes ser sorprendido con cientos de personas que hicieron guardia a las afueras de la sede apostólica.

La misa secreta

¿Por qué desde el Vaticano se consideraba que México tenía una autoridad "muy anticlerical"?

Hoy en día, cuando la Iglesia católica participa activamente y alza su voz en temas de la agenda pública nacional, especialmente en aquellos que competen a su magisterio (interrupción legal del embarazo, uso de métodos anticonceptivos, divorcio, eutanasia, despenalización del consumo de la mariguana, entre otros), resulta difícil pensar que apenas unas décadas atrás, esto era casi impensable.

El 21 de diciembre de 1978, el presidente López Portillo consignó en su diario personal que la visita del Papa Juan Pablo II, era un hecho. "Se confirma que viene el Papa. En

unos minutos recibo a monseñor Prigione, que me lo notifi-
cará", apuntó.

La situación es complicada: la ley de cultos; la devoción del pueblo; los masones; unos grupos de izquierda que se oponen; los comunistas lo quieren.
¿Cuál debe ser mi posición? ¿Cuáles los actos que
se autorizan? Todo delicado y en una gran caja de
resonancia, escribió el mandatario.

Consideraba "absurdo que la fuerza de un jacobinismo
decimonónico impidiera que un pueblo mayoritariamente
religioso no tuviera la libertad de recibir a su jefe espiritual".

Y si le asaltaban esas dudas era porque muchos integran-
tes de la clase política de aquel entonces pertenecían a las
logias masónicas, que se oponían férreamente a cualquier
intento de modernizar las relaciones entre la Iglesia Católica
y el Estado mexicano.

Además, el presidente López Portillo vivía un personalísi-
mo e íntimo debate. Por un lado estaba su madre, Refugio
Pacheco, conocida en el ámbito público como "Doña Cuquita", quien le suplicaba que no sólo permitiera la visita
de Juan Pablo II sino que también hiciera todo lo posible
para que el pontífice oficiara una misa en Los Pinos. Por el
otro estaba el secretario de Gobernación, Jesús Reyes Heroles, quien amagaba con renunciar si se autorizaba la visita
papal.

Al final, Su Santidad no sólo llegó al país, fue recibido por
el jefe del Ejecutivo Federal en el aeropuerto y estuvo en Los
Pinos, sino que —en efecto—, ofició una misa privada para

cincuenta personas a la que asistieron familiares, amigos y algunos funcionarios del gobierno.

Reyes Heroles, molesto de antemano por la estancia del Papa Wojtyla en territorio nacional, trató de impedir la celebración eucarística en la casa presidencial al argumentar que el propio López Portillo se haría acreedor a sanciones administrativas. "Si el problema es una multa, yo la pago", recibió como respuesta. Años después, en sus memorias, el mandatario mexicano escribió:

> Era ridículo el temor de que la presencia del Papa fuera subversiva o fortaleciera fuerzas políticas vencidas y enterradas desde el siglo pasado. Pero claro, se puso de moda el jacobinismo a ultranza, pero también fue abrumador el júbilo de la libertad y con ese sabor me quedé. Por otro lado muchas tensiones aflojaron, y el pueblo tomó conciencia de sí mismo.
>
> La secularización del Estado es una realidad tan fuera de discusión, que aguantaba la visita de todos los papas del mundo. Y la mejor demostración de que tuve razón es que, salvo la explosión jacobina, nada pasó en México, y sí en cambio la satisfacción del pueblo católico ejerció su libertad espiritual, como por otro lado ha sucedido en todo el mundo.

Respecto a la dimisión de Reyes Heroles, apuntó en su autobiografía titulada *Mis tiempos*, "Jesús ya no me era útil y cada vez iba a ser peor el deterioro dado que no tenía porvenir y, por ende, tampoco clientela. [...] no se llevaba con los gobernadores; había perdido el respeto del gabinete. Muchos lo odiaban, era brusco e hiriente [...]".

Al final ganó Doña Cuquita. Jesús Reyes Heroles renunció. Juan Pablo II llegó a México y se celebró, por primera y única vez, una misa en Los Pinos.

Su primer visita a la basílica

Eran las seis y media de la mañana del sábado 27 de enero cuando los cantos de fieles y un coro del Colegio Alemán lo despertó con las tradicionales "Mañanitas". El papa Wojtyla no se conformó con saludarlos y bendecirlos desde el balcón, pues bajó y cantó con ellos.

Su siguiente actividad fue un encuentro con la comunidad polaca residente en México. "Siento que entre polacos y mexicanos hay un lazo espiritual por la semejanza de destino entre los dos pueblos. La Virgen Santísima de Guadalupe se parece a la nuestra de Czestochowa", les dijo a sus compatriotas.

Aunque la recomendación era que viajara a la Basílica en helicóptero, Su Santidad rechazó la idea por completo, igual que aquella de hacer el trayecto en un vehículo cerrado. Es más, pidió que el vehículo se detuviera en un parque donde se habían reunido unos doscientos niños con problemas mentales, a quienes les regaló cinco minutos de conversación, caricias y bendiciones.

Según la policía, cinco millones de personas lo esperaron en su trayecto, en el atrio de la Basílica había otras doscientas mil y dentro del recinto mariano, nueve mil privilegiados con boleto siguieron la misa con la que inauguró la reunión de la Conferencia del Episcopado Mexicano. Tapetes y arcos de flores y un recorrido en un pequeño carruaje de la antigua a la nueva Basílica, marcaron la visita en la que entregó a la Virgen Morena una diadema de oro y piedras preciosas al llamarla Madre y Patrona de México y América Latina.

En la misa participaron quince cardenales, cuarenta arzobispos, más de cien obispos y unos cuatrocientos sacerdotes. La homilía fue singular pues se trató de un monólogo donde el pontífice se comunicaba con la Madre de Dios.

> Salve, Madre de Dios, Madre de México, Madre de América Latina.
>
> ¡Oh Madre, ayúdanos a ser fieles dispensadores de los grandes misterios de Dios!
>
> Ayúdanos a enseñar la verdad que tu Hijo ha anunciado y a extender el amor, que es el principal mandamiento y el primer fruto del Espíritu Santo.
>
> Ayúdanos a conformar a nuestros hermanos en la fe, ayúdanos a despertar la esperanza en la vida eterna.
>
> Ayúdanos a guardar los grandes tesoros encerrados en las almas del pueblo de Dios que nos ha sido encomendado...
>
> Reina de la paz, salva a las naciones y a los pueblos de todo el continente, que tanto confían en ti, de las guerras, del odio y de la subversión.
>
> Haz que todos los gobernantes y súbditos aprendan a vivir en paz, se eduquen para la paz, hagan cuanto exige la justicia y el respeto de los derechos de todo hombre, para que se consolide la paz.

Ése es parte del conmovedor mensaje que emitió. Después de la magna ceremonia, tuvo un espacio para comer y descansar un poco, ya que a las cinco de la tarde se reunió en la propia Basílica con sacerdotes. Aunque la jornada había resultado agotadora, viajó más tarde al Colegio Miguel Ángel donde lo esperaban unas veinte mil religiosas.

Maestros de la verdad

A lo largo de la carretera México-Puebla se instaló una impensable valla humana de 150 kilómetros. Entre cuatro y cinco millones de personas formaron campamentos, encendieron fogatas para combatir el frío, jugaron y cantaron para esperar al Papa en su traslado al Seminario Palafoxiano en la capital poblana.

Familias enteras provenientes del Distrito Federal y de otros estados, así como habitantes de poblaciones y rancherías de la sierra, caminaron durante días para montar una guardia hasta por dos noches al borde del camino.

A las siete y media de la mañana del domingo 28, el Santo Padre dejó la Delegación Apostólica. En Chalco solicitó que el cortejo se detuviera. Bajó del vehículo, saludó y bendijo a grupos que lo saludaban y le cantaban.

La primera parada oficial fue en San Martín Texmelucan, donde lo esperaban cincuenta mil fieles, hizo una siguiente parada en Xoxtla, una importante población industrial. Finalmente llegó a la ciudad de Puebla dos minutos después del mediodía.

Unos doscientos cincuenta mil feligreses lo esperaban ya en los campos de juego del Seminario Palafoxiano, sede oficial de la tercera Conferencia General del Episcopado Latinoamericano (CELAM), la cual encabezó y donde habló del papel de la Iglesia en el "Continente de la Esperanza".

Antes de iniciar la sesión vespertina, hubo un receso para comer y descansar. Durante la noche anterior sólo durmió tres horas, además de que el viaje de la Ciudad de México a Puebla fue sumamente pesado, lo que produjo en Su Santidad la sensación de cansancio intenso, por lo que su médico personal le aconsejó reducir las actividades a las estrictamente indispensables.

En su mensaje a los obispos del continente, les pidió ser "maestros de la verdad, no de una verdad humana y racional, sino de la verdad que viene de Dios, que trae consigo el principio de la auténtica liberación del hombre". Los llamó a ser maestros de la verdad sobre la misión de la Iglesia. "El Señor la instituyó como comunidad de vida, de caridad" y como fuente de la auténtica evangelización.

Pidió a los obispos unidad entre sí y con los sacerdotes y religiosos. "Esta unidad episcopal viene no de cálculos y maniobras humanas, sino de lo alto: del servicio a un único Señor". Les demandó ser defensores y promotores de la dignidad humana y refrendar su compromiso con los más necesitados.

> Aquellos sobre los cuales recae la responsabilidad de la vida pública de los Estados y las naciones deberán comprender que la paz interna y la paz internacional sólo estarán aseguradas, si tiene vigencia un sistema social y económico basado en la justicia.

Fijó también algunas "tareas prioritarias", entre ellas hacer de la familia una "escuela del amor, del conocimiento del Dios, del respeto a la vida y a la dignidad del hombre". También, reactivar "una intensa acción pastoral" para generar más vocaciones sacerdotales y religiosas ya que "la desproporción es inmensa entre el número creciente de habitantes y el de agentes de la evangelización. Así como no descuidar a los jóvenes.

"El futuro está en las manos de Dios pero, en cierta manera, ese futuro de un nuevo impulso evangelizador, Dios lo pone también en las vuestras". Así concluyó ese importante mensaje y sus actividades públicas en Puebla.

El Papa quiere ser la voz de los indígenas

A eso de las seis de la mañana del lunes 29 llegó a la Delegación Apostólica un conjunto de mariachis contratado por la prensa mexicana para cantarle al Papa Wojtyla. Se le pidió esperar y darle un poco más de descanso. La orden fue acatada, pero no por mucho tiempo. Ya en pie y reunido con los comunicadores, expresó "Dios bendiga a la prensa mexicana".

Tras compartir unos momentos con los comunicadores, se preparó para iniciar las tareas de ese día, entre ellas, una visita al Hospital Infantil, donde tomó en sus brazos, abrazó y besó a cuanto pequeño enfermo se lo solicitaba. Les regaló juguetes y conversó con ellos. "¡Creí que había visto a Dios!", comentó un chiquitín luego de haber intercambiado palabras con él.

En el aeropuerto tomó el avión que lo llevó a Oaxaca, donde lo aguardaba medio millón de personas. Desde Roma, el Santo Padre había expresado su interés particular en sostener un encuentro con los indígenas del país. Y su deseo se cumplió en el municipio de Cuilapan.

Ahí, luego de saludar en polaco a un niño mixe, escuchó los acordes de una banda integrada por indígenas de la región y recibió ofrendas de los nativos de la zona: una bolsa con mazorcas, con granos de cacao, un paquete de tortillas y un donativo de 2.50 pesos, lo que le arrancó lágrimas de emoción.

A nombre de sus hermanos de raza, un indígena hizo uso de la voz:

Tú dijiste que los pobres de América Latina somos la esperanza de tu Iglesia. ¡Mira cómo vive esa esperanza! En la tierra de nuestros abuelos y nuestros padres somos tratados como extranjeros. Sufrimos mucho. Nos falta trabajo. Casi no hay que comer. Vivimos tristes.

La respuesta del pontífice fue un emotivo texto del que recupero algunas partes esenciales:

Amadísimos hermanos: mi presencia entre vosotros quiere ser un signo vivo y fehaciente de esta preocupación universal de la Iglesia. El Papa y la Iglesia están con vosotros y os aman: aman vuestras personas, vuestra cultura, vuestras tradiciones; admiran vuestro maravilloso pasado, os alientan en el presente y esperan tanto para en adelante...

El Papa quiere ser vuestra voz, la voz de quien no puede hablar o de quien es silenciado, para ser conciencia de las conciencias, invitación a la acción, para recuperar el tiempo perdido, que es frecuentemente tiempo de sufrimientos prolongados y de esperanzas no satisfechas.

El mundo deprimido del campo, el trabajador que con su sudor riega también su desconsuelo, no puede esperar más a que se reconozca plena y eficazmente su dignidad, no inferior a la de cualquier otro sector social. Tiene derecho a que se le respete, a que no se le prive... Tiene derecho a que se le quiten barreras de explotación... Tiene derecho a la ayuda eficaz...

Para ellos hay que actuar pronto y en profundidad. Hay que poner en práctica transformaciones audaces, profundamente innovadoras. Hay que emprender, sin esperar más, reformas urgentes.

Terminada la ceremonia en Cuilapan, se trasladó a la ciudad de Oaxaca. Hizo escalas en el Templo de la Virgen de la Soledad, patrona de Oaxaca, y en el histórico templo de Santo Domingo. De ahí, salió al Seminario Menor donde comió con prelados. Tras un breve descanso, encabezó la misa solemne concelebrada con varios obispos y arzobispos, al aire libre, a las afueras de la Catedral de Oaxaca.

En el vuelo de regreso a la capital del país, pasó unos minutos con los pilotos y miembros de la tripulación en la cabina del avión. Ya en el Distrito Federal, en la Delegación Apostólica, encabezó la conmemoración por el 50 aniversario de la Acción Católica Mexicana, organización que nació en la época de la persecución y la intolerancia religiosa.

El Papa obrero

En la víspera de su partida, el martes 30 de enero, el Papa tuvo un encuentro con estudiantes de escuelas privadas en el Instituto Miguel Ángel. Ante ellos, lanzó una advertencia sobre las deficiencias en la educación y habló de la responsabilidad de maestros y alumnos de trabajar en armonía para suplirlas.

Además, hizo una importante advertencia: les pidió no dejarse seducir por "engañosos espejismos de falsos compromisos, no sucumbir al encanto embustero de supuestos profetas que quieren marcar nuevos caminos. El único camino, eterno y siempre nuevo para el hombre, es Cristo".

Pese a que tenía noventa minutos de retraso, en el avión rumbo a Guadalajara, pidió al piloto que volara sobre Silao, Guanajuato, para ver desde el aire el Cerro del Cubilete, en cuya cima se encuentra el monumental Cristo Rey de veinte metros de altura y ochenta toneladas de bronce de los arquitectos Nicolás Mariscal y Piña (autor del proyecto) y José Carlos Ituarte González, inaugurada el 11 de diciembre de 1950.

En Guadalajara lo esperaban unos tres millones de fieles. Una niña, que burló la seguridad, llegó hasta él para darle la bienvenida con un ramo de flores. Juan Pablo II lo tomó, cargó a la pequeña y recibió una ovación de los espectadores reunidos en el aeropuerto.

Hizo una escala en Santa Cecilia donde trescientos mil seguidores esperaban su bendición y escuchar su mensaje, en el que volvió a hablar de la dignidad humana y de la justicia social. En él destacó que una constante de los pueblos subdesarrollados es la concentración de la riqueza en unas cuantas manos y la indigencia de una gran mayoría.

En el estadio Jalisco fue aclamado por más de cien mil asistentes. Ahí, volvió a hablar el Papa-obrero, al explicar su concepto de "trabajo" como una fuente de realización personal, vínculo de unión familiar y medio de proyección social.

Para el obispo de Roma, el trabajo tiene una dimensión cristiana cuando se le ve como "la respuesta consciente al llamado que Dios hace a todo hombre para que contribuya con su esfuerzo a la construcción de un mundo capaz de recibir el Reino de Dios". Las ovaciones, como en todas sus alocuciones, fueron constantes, obligándolo a interrumpir el mensaje.

A las dos y media de la tarde llegó a la Catedral de Guadalajara, luego de que se suspendiera una visita al penal de Oblatos. En el recinto católico tuvo una audiencia privada con un numeroso grupo de religiosas. Por la noche se trasladó al Seminario Mayor escoltado por una valla humana formada por un millón de devotos para sostener un encuentro con seminaristas de todo el país.

El día del "hasta pronto"

Una sensación de orfandad. Eso es lo que se respiraba aquel miércoles 31 de enero de 1979, el último día de la estancia del Papa polaco en tierras mexicanas. Durante la misa privada que celebró en la Delegación Apostólica, le cantó un emocionado Pedro Vargas.

Frente a la Basílica, en la Plaza de las Américas, doscientos mil estudiantes universitarios lo esperaban desde las seis de la mañana. "¡Presente, presente, Juan Pablo está presente!". Emocionado, el Santo Padre dijo, "¿qué es esto? Jamás había visto que la juventud acudiera en tal número para ver al jerarca de la Iglesia".

A nombre de los profesores habló el rector de la Universidad La Salle, Francisco Leonel de Cervantes, quien explicó que estaban reunidos alumnos de ochenta planteles de educación superior de toda la República y de diversos países del continente. El joven que habló a nombre de ellos asumió el compromiso de la juventud de luchar por el bien de los pueblos.

En su mensaje, el Papa Wojtyla les pidió tener un alto nivel académico, contribuir eficazmente a la formación integral del hombre y promover un ambiente de cristianismo auténtico.

Más tarde dedicó un espacio a sus "amigos del mundo de la información", a quienes permitieron que su estancia en México fuera seguida por unos cuatrocientos millones de personas en todo el planeta a través de la señal televisiva, también a los reporteros radiofónicos que permitieron hacer llegar las noticias a los rincones más alejados e incomunicados, así como de periódicos y revistas que con sus notas y fotografías permitieron construir la memoria de esa primera visita.

> En muchas ocasiones, durante estas jornadas... he tenido la oportunidad de observaros mientras acudáis de un lugar a otro llenos de la determinación y empeño que distingue a vuestra tarea informativa... Quisiera en este breve encuentro ofrecer a todos mi gratitud y respeto... Sé bien el esfuerzo que requiere la comunicación de la noticia... Me doy cuenta también de que el vuestro es un trabajo que exige largos desplazamientos y os separa de la familia y amigos. No es una vida fácil, pero en compensación, como toda actividad creativa... os ofrece un especial enriquecimiento.

Luego se trasladó al Lienzo Charro del Pedregal donde, por 30 minutos, disfrutó de las suertes y filigranas de los artistas del caballo y del lazo. Ahí se colocó un sombrero charro. Otra imagen icónica, de las que dio la vuelta al mundo, y que se repetiría en subsecuentes visitas.

En el Aeropuerto Internacional Benito Juárez, el jefe del Departamento del Distrito Federal, Carlos Hank, le dio la despedida a nombre del presidente. Antes de subir al avión el Sumo Pontífice le dio las gracias al personal de seguridad que lo acompañó durante todos los trayectos y saludó de mano a quien estaba al mando. Éste se descubrió y de rodillas le besó la mano.

Aunque se esperaba un mensaje de despedida, la emoción se lo impidió. Apenas logró decir unas palabras durante la bendición, mientras palomas blancas fueron liberadas y se entonaron las tradicionales "Golondrinas".

A las cuatro y media de la tarde despegó rumbo a Monterrey. La aeronave dio una vuelta sobre la Ciudad de México. Creyentes o no, cientos de miles de personas sacaron espejos y con ayuda del Sol, lanzaron sus reflejos al aire en una espectacular y única forma de decirle "hasta pronto".

Con dos horas de retraso, aterrizó en la capital de Nuevo León donde millón y medio de fieles de todo el norte del país y del sur de Estados Unidos, lo recibieron. Siendo Monterrey una ciudad industrial, un empresario y un obrero hicieron uso de la voz. En su discurso número 23 ante el pueblo mexicano, reiteró su posición sobre la dignidad humana y la justicia.

Pero también habló de los trabajadores indocumentados; mencionó los peligros y las injusticias a los que están expuestos y exigió que a la brevedad se encontraran soluciones. Tras su discurso, oró junto a la multitud y escuchó nuevamente "Amigo", la composición de Roberto Carlos que de alguna forma se convirtió en el himno de esa visita pastoral.

El avión papal despegó para abandonar, por esa ocasión, el suelo mexicano. Una vez más las Golondrinas le dieron el adiós. Al llegar a Roma, Juan Pablo II confesó, "tuve que vencer la tentación de quedarme en México. Me conmovieron las manifestaciones de devoción y afecto que recibí. Un sentimiento prevalece sobre todos los que me emocionaron durante este viaje: el sentimiento de gratitud". Sentimiento recíproco compartido por todos los mexicanos.

El segundo viaje, 1990

A Dios lo que es de Dios

La segunda visita del Papa Juan Pablo II a México estuvo enmarcada por el debate sobre las reformas al artículo 130 constitucional y la posibilidad de establecer relaciones diplomáticas con la Santa Sede.

En los días previos a la llegada de Su Santidad, periódicos de circulación nacional dedicaron amplios espacios a esa discusión. Es más, aquel domingo 6 de mayo de 1990, horas antes del arribo, en las ocho columnas del Excélsior se publicaba: "Relaciones con el Vaticano: 45%; Clero en Política, no: 72%".

Según una encuesta encargada al Centro de Estudios de Opinión Pública (CEOP), 45 por ciento de los 3 606 entrevistados se dijo a favor del establecimiento de relaciones diplomáticas entre ambos Estados y 44 por ciento en contra. La población estaba divida en un tema que, para ese entonces, era polémico.

El resto de la información que arrojó la investigación fue sumamente interesante. El sondeo estableció que 62.7 por ciento de los encuestados consideraba que el presidente Benito Juárez hizo bien en separar el Estado de la Iglesia; 14.9 pensaba que actuó mal; 14.1 no tuvo una opinión y el resto calificó de "regular" esa decisión.

A la pregunta de "¿A quién le cree más: al gobierno o a la Iglesia?" 37 por ciento se pronunció por la Iglesia; 26.8 respondió que a ninguno; 26.1 que a ambos y sólo 7.8 por ciento dijo que al gobierno.

"¿Cree usted que los sacerdotes deberían poder votar?" 64.6 por ciento contestó que sí y 29.6 opinó que no. En otro reactivo no menos controversial, "¿Cree usted que la Iglesia debería participar en política?", 72.3 por ciento de la población dio un rotundo "no". El diario subrayaba que ese mismo cuestionamiento se había aplicado en cuestionarios previos. El resultado mostraba un rechazo que crecía lento pero gradualmente al pasar de 65.8 por ciento en 1983, a 67.3 en 1987 y a 72.3 en aquel 1990. A la pregunta de si se debían dar a los sacerdotes la posibilidad de competir por cargos públicos, el resultado fue similar: 72.4 por ciento dijo que no y 19.1 opinó lo contrario.

En ese contexto llegó el Papa Wojtyla a su segundo encuentro con el pueblo mexicano. Incluso, el secretario de Gobernación, Fernando Gutiérrez Barrios, tuvo que salir a aclarar que la visita no tenía ningún sentido político para invocar reformas constitucionales o buscar relaciones diplomáticas. Era una visita estrictamente personal.

Desde Roma, el propio pontífice despejó cualquier duda, "este viaje, al igual que todos los que he realizado, tendrá un carácter eminentemente religioso, como corresponde a la misión de la Iglesia y al ministerio confiado por Cristo a Pedro y sus sucesores: predicar la buena nueva".

Un Papa con vocación de misionero

En el hangar presidencial todo estaba listo. El coronel Domiro García Reyes del Estado Mayor Presidencial, estaba a cargo de la logística de la visita y montó lo que él mismo calificó como "el más impresionante dispositivo de seguridad de que se tenga memoria".

Luego de trece horas de vuelo el enorme Jumbo 747 de Alitalia surcó los cielos capitalinos. Ya lo esperaba el presidente Carlos Salinas de Gortari, el delegado apostólico y representante papal ante México, Girolamo Prigione, el arzobispo primado de México, Ernesto Corripio Ahumada, el presidente del Episcopado Mexicano, Adolfo Suárez Rivera, y el vicepresidente, cardenal Jesús Posadas Ocampo.

Finalmente aterrizó. Lo acompañaban dieciséis obispos y arzobispos y cincuenta y seis periodistas de todo el mundo que se sumarían a los mil que se habían acreditado para dar cobertura a las actividades y para quienes instalaron una sala de prensa en el Salón Independencia del Hotel María Isabel Sheraton con cincuenta máquinas de escribir, treinta télex y veinticinco telefax.

El mariachi "Oro y Plata" de Pepe Chávez le dio la bienvenida musical con "Las alteñas", "Guadalajara" y "Cielito lindo".

De la sierra morena
cielito lindo vienen bajando
un par de ojitos negros
cielito lindo de contrabando.
Ese lunar que tienes cielito lindo
junto a la boca no se lo des a nadie
cielito lindo que a mí me toca.
Ay, ay, ay, ay canta y no llores
por que cantando se alegran
cielito lindo los corazones.

Ay, ay, ay, ay, canta y no llores
por que cantando se alegran
cielito lindo los corazones.
Yo a las morenas quiero
desde que supe, que morena
es la virgen cielito lindo
de Guadalupe.

Y como es sabido por el mundo entero, se convirtió en una de las favoritas del Papa Juan Pablo II, quien sonreía al escuchar al mariachi.

El Señor, dueño de la historia y de nuestros destinos, ha querido que mi pontificado sea el de un Papa peregrino de evangelización, para recorrer los caminos del mundo llevando a todas partes el mensaje de la salvación. Y quiso el Señor que mi peregrinación, realizada a lo largo de estos años, comenzase precisamente con mi viaje apostólico a México...
Puedo decir que aquella primera visita pastoral a México... marcó realmente mi pontificado haciéndome sentir la vocación de Papa peregrino, misionero.

Señaló en su primer discurso ante las muestras de júbilo de sus fieles. Eran cerca de mil personas, acomodadas en dos tribunas especiales, quienes le lanzan vivas y gritos al grado del delirio, la gente por alguna extraña razón, cuando se encontraba cerca de él, rompía en llanto.

Él hablaba de que aquellos tiempos eran cruciales para el futuro de México y del continente, a los católicos les hacía este llamado para que el pueblo "tome mayor conciencia de sus propias responsabilidades y, de cara a Dios y a sus deberes ciudadanos, se empeñe con renovado entusiasmo en construir una sociedad más justa, fraterna y acogedora. Tratando de superar viejos enfrentamientos, hay que fomentar una creciente solidaridad entre todos los mexicanos, que les lleve a acometer con amplitud de miras un decidido compromiso por el bien común", discurso que tuvo que interrumpir ante el ya tradicional "Juan Pablo, Segundo, te quiere todo el mundo".

Sus llamados eran en este tono:

> Frente a la tentación de la ruptura y el conflicto, imperen el diálogo y el entendimiento. A todos y a cada uno bendigo ya desde ahora, pero de modo particular a los pobres, a los enfermos, a los marginados, a cuantos sufren en el cuerpo o en el espíritu.
> Sepan que la Iglesia y el Papa están muy cerca de ellos, que los aman y los acompañan en sus penas y dificultades. Con este espíritu evangélico de amistad y fraternidad deseo iniciar mi visita.

Palabras que despertaban el júbilo de los asistentes que se expresaron con aplausos, gritos, porras y cantos, que invadieron los recintos o resonaban hasta los cielos.

Minutos antes el presidente Salinas le había hecho un retrato de las dificultades enfrentadas por los mexicanos:

"La adversidad nos ha hecho más fuertes. Hemos vencido con trabajo, decisión y prudencia los años más difíciles de la nación" y citaba como sus principales retos: promover más justicia, participación y atención para los que menos tienen.

"Reciba el calor del pueblo que tanto lo aprecia. Sea usted bienvenido a estas tierras que, con generosidad, lo llaman amigo de México y peregrino de la paz", concluía.

Con la entonación de los himnos de ambos Estados y una salva protocolaria de veintiún cañonazos, terminó la ceremonia y Juan Pablo II se aprestó para lo que lo caracterizó: sus recorridos por las calles y el contacto con la gente.

¡México sabe gritar!

No hubo momento para las pausas o el descanso, así que el Santo Padre abordó el vehículo semidescubierto para iniciar el recorrido por la calle de Economía, en la colonia Federal, y Fray Servando Teresa de Mier para llegar al Zócalo. Luego 5 de Mayo, Eje Central, Paseo de la Reforma y Calzada de Guadalupe para su destino final: la Basílica de Nuestra Señora de Guadalupe.

A lo largo del trayecto el pueblo se desbordó en vivas y aplausos. La Ciudad de México se vistió de amarillo y blanco en una expresión de fe, de alegría y de esperanza. Millones formaban una tumultuosa valla a lo largo de 30 kilómetros que por supuesto aprovecharon los vendedores ambulantes para ofrecer botones, cuadros, calcomanías, calendarios y cualquier objeto donde pudieron estampar la imagen del Papa peregrino.

Abarrotada al máximo en sus espacios interiores y exteriores, inició la Santa Misa en el edificio de Pedro Ramírez Vázquez.

> Me siento particularmente feliz al poder comenzar mi segunda visita pastoral a México desde este lugar sagrado, hacia el cual dirigen sus miradas y sus corazones todos los hijos de la patria mexicana, dondequiera que estén.
>
> Por eso, desde este santuario, donde late el corazón materno que da vida y esperanza a todo México, quiero dirigir mi más afectuoso saludo a todos los habitantes de esta gran nación, desde Tijuana y Río Bravo, hasta la península de Yucatán.

Así iniciaba el mensaje, permanentemente interrumpido por las porras y aclamaciones de los fieles. La ceremonia fue para consagrar la beatificación de Juan Diego, de los tres niños mártires de Tlaxcala (Cristóbal, Antonio y Juan) y del sacerdote José María de Yermo y Parres quienes, detalló el Papa, eran los cinco pilares de la evangelización de México.

Juan Diego, añadió, cuyo nombre indígena era Cuauhtlatóhuac, "Águila que habla", representa a todos los indígenas que acogieron el Evangelio de Jesús, gracias a la ayuda maternal de la Virgen María.

Llevando vida de ermitaño aquí, junto al Tepeyac, fue ejemplo de humildad. La Virgen lo escogió entre los más humildes para esa manifestación condescendiente y amorosa cual es la aparición guadalupana... De esta manera quiso quedarse entre vosotros, como signo de comunión y de unidad de todos los que tenían que vivir y convivir en esta tierra.

Lanzó un fuerte llamado a todos los fieles laicos para que asumieran su responsabilidad en la transmisión del mensaje evangélico. "Desde este lugar privilegiado de Guadalupe, corazón del México siempre fiel, deseo convocar a todo el laicado mexicano a comprometerse más activamente en la reevangelización de la sociedad". También les pedía no ser indiferentes ante la pobreza, la corrupción, los ultrajes a la verdad y a los derechos humanos.

Habló entonces de los tres niños mártires de Tlaxcala: Cristóbal, Antonio y Juan, quienes fueron colaboradores de los misioneros y se hicieron catequistas de otros indígenas. Y también del padre José María de Yermo y Parres, el "Apóstol de la caridad", fundador de la Orden de las Siervas del Sagrado Corazón de Jesús y de los Pobres.

He venido a visitaros porque os amo, porque representáis una porción escogida de la Iglesia de Cristo, porque deseo estar cerca de quienes más lo necesitan: los pobres, los enfermos, cuantos sufren en el cuerpo o en el espíritu. Desde el corazón de México que es Guadalupe bendigo a todos y os encomiendo a la protección de la Virgen, finalizó.

117

Repicaron las campanas de la nueva y de la antigua basílica mientras la imponente voz de Plácido Domingo cantaba el Ave María. La atmósfera se inundó de incienso, caían pétalos de rosa en el recinto mariano. Globos amarillos y blancos volaron por el aire, pero lo más imponente, lo que más impresionó a Juan Pablo II, fue ese coro que subía de volumen hasta convertirse en un estruendo de júbilo. Y se desató la fiesta. En el atrio hubo baile, alegría. Esa alegría única que caracteriza a los mexicanos.

Al vicario de Cristo le llamaron los gritos y buscó ser testigo y partícipe de ese festejo, curioso salió al balcón de la Basílica. En tono alegre pronunció una de las frases que se quedarían grabadas para siempre cuando se trata de caracterizar a nuestro país, "México sabe bailar, México sabe rezar, México sabe cantar, pero sobre todo México sabe gritar..."

En la frontera de la ignominia

La actividad era frenética. Aquel lunes 7 de mayo de 1990, a las siete de la mañana y veinte minutos, Juan Pablo II ya había desayunado fruta, jugo, leche y huevos. "Pasó bien la noche", comentaba Girolamo Prigione. A punto de cumplir 70 años (en once días, el 18 de mayo), "tiene una excelente capacidad de recuperación y goza de excelente condición física", añadía.

A las siete de la mañana y cincuenta y nueve minutos, salió de la sede apostólica rumbo a la Residencia Oficial de Los Pinos. Dieciséis minutos después fue recibido por el presidente Salinas de Gortari. Caminaron y conversaron tranquilamente por los jardines.

El Papa polaco le preguntó sobre el Programa Nacional de Solidaridad y pasaron a la Residencia Miguel Alemán. Hablaron del indigenismo y de sus raíces en México y América Latina; de la situación que prevalecía en Latinoamérica y coincidieron en la necesidad de fortalecer los valores y las tradiciones. Pasaron después a la biblioteca donde se realizó el intercambio de obsequios: un incunable titulado "México, territorio de solidaridad" de parte del mandatario mexicano y el Códice Badiano, uno de los libros de medicina más antiguos, así como tres medallas por parte del Vaticano.

Al término del encuentro, en punto de las nueve y cuarto de la mañana, caminaron hacia el helicóptero Super Puma que lo llevaría al municipio de Chalco, en el Estado de México. Una intrépida joven rompió el cerco y llegó hasta el pontífice justo en el momento en que alcanzaba la escalerilla de la aeronave y se disponía a abordarla. Pese a la sorpresa, le extendió amorosamente la mano, mientras ella se arrodilló y le besó la túnica.

La chica se llamaba María del Carmen Estrada y entró a Los Pinos confundida entre los periodistas. "Soy representante de todas las juventudes del mundo, por eso tenía que tocar al Santo Padre", señaló a la prensa después de su hazaña.

Las hélices comenzaron a girar y el helicóptero voló rumbo a Chalco, un municipio que hasta la fecha parece olvidado hasta por Dios. Ahí, el Papa polaco se topó de frente con una tierra sumida en el hambre, el abandono y la marginación.

Ofició entonces la misa al aire libre más grande de la que se tenga registro. En ese inmenso páramo de cuarenta y cuatro hectáreas sin pavimentar, estaban reunidos casi un millón de fieles. Ahí se erigiría la futura catedral, cuya única pista en ese momento era una cruz blanca de unos diez metros de altura.

Ese vasto asentamiento humano surgió como ciudad satélite, donde hacía décadas sólo había campos baldíos y un desecado lago.

Rostros de niños víctimas de la pobreza, niños abandonados, sin escuela, sin ambiente familiar sano: rostros de jóvenes desorientados por no encontrar su lugar en la sociedad, frustrados por falta de oportunidades de capacitación y ocupación; rostros de obreros frecuentemente mal retribuidos y con dificultades para organizarse y defender sus derechos; rostros de subempleados y desempleados, despedidos por las duras exigencias de crisis económicas.

Rostros de madres y padres de familia, angustiados por no tener los medios para sustentar y educar a sus hijos; rostros de marginados y hacinados urbanos, golpeados no sólo por la carencia de bienes materiales, sino también por la degradación y contaminación del medio ambiente; rostros de ancianos desamparados y olvidados.

Lanzó un llamado a los cristianos y a todos los hombres de buena voluntad de México, para que despertaran en "la conciencia social solidaria: no podemos vivir y dormir tranquilos mientras miles de hermanos nuestros, muy cerca de nosotros, carecen de lo más indispensable para llevar una vida humana digna".

En ese valle que era el ejemplo más patente de la miseria urbana, donde habitaban los más pobres de los pobres en humildes casuchas construidas con cartón y desechos industriales, la emotiva homilía papal representaba la ilusión de un futuro mejor.

Quienes hicieron guardia por muchas horas en aquel inmenso llano, tan grande como sus carencias, para escuchar la voz del Papa, soportaron las inclemencias del tiempo y la insalubridad. Y para quienes ahí viven, en la frontera de la ignominia, comentaban tras la visita, "Dios nunca ha pisado el Valle de Chalco, pero el Papa sí. Y eso nos da esperanza".

Como siempre y como se hizo costumbre, cada que se salía del protocolo, cada que hablaba con el corazón y cambiaba sus palabras de Santo Padre por las de un hombre conmovido y con un sentido profundo de la humildad, a la gente se le llenaban los ojos de llanto y se les cubrían las mejillas con largos hilillos. Era la emoción, un Papa había llegado.

Sólo Veracruz es bello

Y de aquel cruel retrato de una pobreza lacerante el Papa continuó su peregrinación ahora hacia el puerto de Veracruz que le dio la bienvenida con un viento tibio y olor a mar.

A las cuatro de la tarde con veinticinco minutos, fue recibido en el aeropuerto por el gobernador Dante Delgado. Luego se encaminó hacia el malecón. Tardaría una hora en llegar debido a la multitud que lo esperó durante horas, para verlo aunque fuera por unos segundos en su trayecto. Otro millón de fieles lo recibiría con porras como: "De Veracruz, a Xalapa, todo el mundo quiere al Papa".

La noche comenzaba a caer. La luz que emitían cincuenta y ocho potentes reflectores sustituía al astro rey que se perdía en el mar. En dos años más, en 1992, se celebrarían 500 años del encuentro entre dos mundos y ese puerto que lleva por nombre "Verdadera Cruz", fue la puerta por donde llegaron los primeros evangelizadores en 1523. "La evangelización entonces iniciada, está aún en camino y este V Centenario debe ser para todos ocasión propicia para darle nueva vitalidad y empuje", declaró en aquel entonces Su Santidad.

Recordó a fray Juan de Zumárraga, primer obispo de la Ciudad de México y a quien se conoce como "defensor de los Indios"; a Don Vasco de Quiroga, primer obispo de Michoacán, quien desarrolló su misión episcopal como auténtico padre de los tarascos, por lo que aún se le llama con cariño "Tata Vasco"; y a fray Bartolomé de las Casas, obispo de Chiapas, quien proclamó la dignidad de los indígenas.

Destacó que los católicos mexicanos representan la cuarta parte de la Iglesia en América Latina con setenta y siete territorios eclesiásticos, once mil sacerdotes, mil religiosos y más de treinta y dos mil religiosas, cuya misión es evitar que el hombre sea esclavo del hombre. "El hombre cae en la esclavitud cuando diviniza o absolutiza la riqueza, el poder, el Estado, el sexo, el placer o cualquier creación de Dios, incluso su propio ser o su razón humana".

Y con música sacra interpretada con marimba, el obispo de Roma señaló, "quiero expresarles mi gran alegría de estar con ustedes en este estado de la República que por su riqueza natural y sus incomparables paisajes, ustedes lo llaman justamente la tierra de Dios y de María Santísima".

La reacción fue de un gozo indescriptible acompañado de orgullo: tan es así que esta frase fue adaptada para un son, "ya lo dijo el Santo Padre, sólo Veracruz es bello".

Embriagarse de la vida

El martes 8 de mayo estuvo consagrado a los jóvenes. "Estoy feliz", dijo Su Santidad en un tono sincero y profundo. Fue un día dedicado a la juventud mexicana con la que estableció un diálogo directo, entusiasta y esperanzador.

Las actividades iniciaron en Aguascalientes en una abarrotada Parroquia de Nuestra Señora de la Asunción, en un encuentro con maestros. Ahí reconoció la "nueva perspectiva" de contactos entre la Iglesia católica y la comunidad política mexicana.

> Y en esta nueva fase de mejor entendimiento y de diálogo, la Iglesia quiere ofrecer su propia aportación, sin salir del marco de sus fines y competencias específicas, para elevar el nivel de la enseñanza, ya que la cuestión educativa es responsabilidad de todos.

A quienes forman la conciencia de los niños y los jóvenes mexicanos, el Papa les dijo que la calidad de la educación no sólo depende de los sistemas pedagógicos:

> El mejor método de educación es el amor a vuestros alumnos, vuestra autoridad moral, los valores que encarnáis. Éste es el gran compromiso que asumís, antes que nada, ante vuestra conciencia.

Sabéis que no podéis transmitir a vuestros alumnos una imagen decepcionante del propio país, debéis enseñarles a amarlo fomentando también aquellas virtudes cívicas que eduquen a la solidaridad y al legítimo orgullo de la propia historia y cultura.

Y concluyó con un mensaje político: "la Iglesia no es un factor de freno cultural y científico. Los hechos vienen a desmentir tales acusaciones. Basta recordar la secular labor educativa de las instituciones religiosas y eclesiásticas, desde la primera evangelización hasta nuestros días". Y les hizo un exhorto, "¡abrid a Cristo el mundo de la enseñanza! De modo firme y paciente hay que ir mostrando cómo en Cristo encontramos plenamente todos los verdaderos valores humanos, y cómo está en Él el sentido de la historia".

De ahí, el Santo Padre se trasladó a San Juan de los Lagos para continuar con lo que él mismo calificó como uno de los momentos más esperados de su segundo viaje a México: el encuentro con los jóvenes.

En la explanada del fraccionamiento El Rosario, un millón de jóvenes entregados de alma y corazón ansiaban el mensaje del Papa peregrino. A diferencia de otros encuentros, éste fue más espontáneo, más cálido. Las dianas y aplausos nunca, por ningún momento, cesaron. La emoción que embargaba al sucesor de Pedro era evidente, sus ojos brillaban, sonreía tan tranquilo y sincero que eso, hacía aún más emocionante el tenerlo cerca.

"Estoy feliz", dijo. "El Papa se siente cercano a vosotros y os tiene muy dentro del corazón porque
percibe vuestro afecto y cariño, pero sobre todo
porque con vuestras ganas de vivir y luchar, abrís
horizontes luminosos para la Iglesia de Cristo y
para la sociedad actual. Lleváis en vuestras manos,
como frágil tesoro, la esperanza del futuro.

Entre vítores, les pidió no destruir sus cualidades y valores
al ponerse al servicio "de los poderes del mal que existen en
el mundo" como "la droga destructora y asesina, la fuerza
cegadora del hedonismo o la prepotencia irracional de la
violencia" y también les pidió no vivir "heridos por la deses-
peranza", no dejarse arrastrar por "la crisis de las utopías"
por la sombra del tedio, del vacío y del desencanto.

¿Cómo es posible que muchos jóvenes estén cansa-
dos y aburridos de la vida antes de empezar a vivir-
la?, se preguntaba. ¿Por qué se refugian en paraísos
artificiales como la discoteca, la droga, la indiferencia y el pesimismo que sólo les producen evasión,
olvido y hedonismo?

Se hizo entonces un silencio. Las palabras calaron en lo
más hondo de esos miles de jóvenes que representaban el
presente y el futuro de la nación. Eran ideas que los invita-
ban a la reflexión y que provenían no del adulto que fustiga
y critica, sino de un hermano mayor que los entendía y que
sólo pretendía compartir su experiencia personal para evitar
que cometieran los mismos errores.

> Jóvenes: no perdáis la esperanza, sois peregrinos de esperanza, como reza el lema de este encuentro. Pues esta esperanza se fundamenta en la victoria de Jesucristo sobre el pecado y la muerte. Dejad que vuestro corazón se embriague de la vida que os ofrece Jesús; en él está vuestra auténtica juventud.

Luego describió los problemas que aquejan a la sociedad mexicana: el hambre y la desnutrición, el analfabetismo, el desempleo, la desintegración familiar, la injusticia social, la corrupción política y económica, salarios insuficientes, concentración de la riqueza en manos de pocos, inflación y crisis económica.

El poder del narcotráfico que ha atentado gravemente a la salud y la vida de las personas, el desamparo de los emigrantes ilegales e indocumentados, a los que tristemente se les llama "espaldas mojadas", ataques continuos a los valores sagrados de la vida, la familia y la libertad.

Y provocó a los jóvenes mexicanos con preguntas como éstas: ¿pueden permanecer indiferentes?

> En esta hora decisiva de la historia, vosotros, queridos amigos y amigas, estáis llamados a ser protagonistas de la nueva evangelización, para construir en Cristo una sociedad justa, libre y reconciliada. Los hombres de hoy están cansados de palabras y discursos vacíos de contenido, que no se cumplen.

Les pidió no tener miedo del reto:

> No temáis... en los momentos en que os asalte la duda, la dificultad, el desconsuelo, sabed que la Virgen María es para vosotros consolación y paz. María os pide vuestro sí. Os pide la entrega radical a Cristo. Os pide que os atreváis a seguirle poniendo vuestras vidas en las manos de Dios, para que os convierta en instrumentos de un mundo mejor que éste en que vivimos.

La ovación fue indescriptible. A punto de retirarse, regresó para postrarse ante la Virgen de San Juan de los Lagos. Cerró los ojos y adquirió una expresión de intenso recogimiento. Colocó la mano izquierda en su pecho, sobre el crucifijo. Y permaneció así durante casi tres minutos. Se hizo un silencio casi absoluto. Fue, sin duda, un momento estremecedor.

Y así concluía una intensa jornada en la que Juan Pablo II se embriagó de vida y contagió con ella a los jóvenes de su entusiasmo.

La verdad que nos hace libres

Y si un día antes había hablado de esa juventud que se refugiaba en las drogas y el alcohol para ser cooptada por el crimen, aquel miércoles 9 de mayo tuvo la oportunidad de encontrarse directamente con ellos, con hombres de todas las edades que tras las rejas habían perdido cualquier esperanza en el futuro.

En el estado de Durango se reunió con los detenidos en el Centro de Readaptación Social gracias a una solicitud de los familiares que reunieron más de dos mil firmas y le enviaron cartas contando sus historias personales de tristeza y desilusión.

> Sé que os encontráis en una situación que se os va haciendo difícil y dolorosa. Precisamente por eso, porque el dolor y el sufrimiento humano -os lo puedo confesar por experiencia-, hallan su sentido y fuerza salvadora y de purificación cuando son percibidos a la luz de Cristo.

A los presos les pidió mantener la "esperanza en la libertad por encima de cualquier otra" y les insistió en que "no hay verdadera paz, ni serenidad, ni auténtica y definitiva liberación, pues únicamente la gracia del Señor puede liberarnos de esa esclavitud radical que es el pecado, su palabra, su verdad nos hacen libres".

Consideraba que la peor de las prisiones "es la de un corazón cerrado y endurecido. Y el peor de los males, la desesperación". Les deseó "un juicio justo, humano y expedito" y que fueran perdonados por aquellos a quienes pudieron haber causado algún daño. "Es genuinamente cristiano saber pedir perdón y estar dispuestos a resarcir, en la medida de lo posible, el mal causado".

Oró por los custodios para que "sepan hacer de su profesión un servicio al hermano que sufre"; así como por las autoridades civiles penitenciarias de la Federación, de los estados y de las Islas Marías, "que el Señor les ilumine a la hora de aplicar las leyes con justicia y equidad, en orden a conseguir una mejor reinserción social de todas las personas puestas bajo sus cuidados".

Y por último rezó porque mientras estuvieran privados de la libertad, no se debilitaran los lazos con sus familias y que, por el contrario, ese tiempo estimulara "el deseo de contribuir más eficazmente en la construcción de un país más laborioso, justo y fraterno".

Luego de ese emotivo encuentro se reunió en esa misma entidad con empresarios con quienes compartió algunas reflexiones sobre el papel que debían desempeñar para promover el desarrollo justo de la comunidad al crear oportunidades de empleo.

De entrada advirtió que a pesar de la enorme riqueza natural que tiene el país, superior incluso a la de países más prósperos, hay grandes mayorías desprovistas de los recursos más elementales.

> Los últimos años han visto el creciente deterioro del poder adquisitivo... y fenómenos... como la inflación han producido dolorosos efectos a todos los niveles. Es preciso repetirlo una vez más: son siempre los más débiles quienes sufren las peores consecuencias, viéndose encerrados en un círculo de pobreza creciente.

Denunció que el endeudamiento externo había agravado aún más la situación pero advertía que sería injusto atribuir toda la culpa del fracaso económico a factores externos. Propuso, en cambio, buscar soluciones reales que suponen sacrificios por parte de todos, ya que "con frecuencia, son los pobres quienes deben sacrificarse forzosamente, mientras que los poseedores de grandes fortunas no se muestran dispuestos a renunciar a sus privilegios en beneficio de los demás".

Ante los hombres del dinero que lo escuchaban con atención, señaló que la miseria genera esclavitud y que la miseria misma es falta de libertad.

> El empobrecimiento progresivo compromete la dignidad y estabilidad del hombre, por eso, el futuro de libertad y dignidad de Latinoamérica requiere librar desde ahora una singular batalla: no por las armas, sino a través del ingenio y el trabajo de sus gentes y en este cometido ocupáis un puesto destacado.

A las mujeres y hombres de empresa les recordó la enorme responsabilidad que tienen respecto a las personas que trabajan en sus compañías y subrayó que el trabajo humano no podía ser considerado como una mera "mercancía que se compra o se vende" pues lo que está verdaderamente en juego es la dignidad de la persona; de ahí que consideró siempre indispensable que se compensara por medio de un salario justo.

Dos últimos eventos le esperaban durante su visita a ese estado: una misa en la Catedral Inmaculada de Durango y las ordenaciones sacerdotales en la Plaza de la Soriana. Ahí señaló que el pueblo mexicano "nunca debe olvidar su pasado, pues desde él ha de proyectarse al futuro" y apuntó que los grandes desafíos para los laicos eran: comprometerse activamente con la nueva evangelización; defender la vida humana desde la concepción y ser artífices de la reconciliación y la paz para evitar los antagonismos y los conflictos.

> Sembrad, pues, y difundid la paz de Cristo a vuestro alrededor... Esforzaos en arrancar las raíces de los resentimientos, de los conflictos, de las enemistades. Promoved en cambio la justicia, en lo grande y en lo pequeño, en las instituciones, en el mundo profesional y laboral, en las familias, en la defensa de la dignidad de cada persona. La justicia es una virtud fundamental, que da a cada uno lo suyo: honor, buena fama, bienes temporales.

A los nuevos sacerdotes les dijo que son los portadores de una nueva etapa de esperanza para México.

> Sed siempre testigos de la verdad, de la justicia, del amor, especialmente hacia los más necesitados. Vuestra vida sacerdotal es una exigente vocación de servicio, de entrega, de dedicación plena a la obra de la nueva evangelización de México...
> ¡México necesita sacerdotes santos! ¡México necesita hombres de Dios que sepan servir a sus hermanos en las cosas de Dios! ¿Seréis vosotros de esos hombres? El Papa, que os ama entrañablemente, así lo espera. ¡Sed los santos sacerdotes que necesitan los mexicanos y que anhela la Iglesia! ¡Qué Nuestra Señora de Guadalupe os acompañe siem-

pre por los caminos de la nueva evangelización de América!

Concluyó sin saber que él mismo que pedía ser santos a los sacerdotes, años más tarde se convertiría en uno.

El pontífice pasó esa noche en Durango pues al siguiente día tenía cita con un pueblo que lo esperaba con ilusión en las ciudades de Chihuahua y Monterrey, donde concluirá su gira por el norte del país.

El don sublime de la maternidad

Era 10 de mayo, Día de las Madres, así que los mensajes de esa jornada estuvieron dedicados a la mujer y la familia. Los Campos Limas de la Industrial Minera México recibieron a miles de peregrinos provenientes de todo el estado, de otros del norte de la República y del sur de Estados Unidos.

Ahí acamparon para encontrar el mejor lugar que les permitiera disfrutar de la visita de Juan Pablo II y estar cerca de él. No importaba el cansancio, todos estaban dispuestos a iniciar una gran fiesta de fe, esperanza y amor.

A las nueve de la mañana con cuarenta y cinco minutos aterrizó el avión de Aeroméxico y diez minutos después el pastor universal de la Iglesia católica saludó desde la escalinata a la comitiva de recibimiento encabezada por el obispo de Chihuahua, Adalberto Almeida y Merino y por el gobernador Fernando Baeza Meléndez, quien se hincó para besar la mano del representante mundial del catolicismo.

Juan Pablo abordó el "papamóvil" y recorrió los 12 kilómetros que separan el aeropuerto Rodolfo Fierro de los Campos Limas, ante —otra vez— una valla humana de miles de católicos que le dieron la recepción entre gritos de júbilo, banderines y pañuelos blancos y amarillos que eran agitados en el aire.

"Juan Pablo, amigo, Chihuahua está contigo", era el grito que se repetía sin cesar antes de que diera inicio la celebración desde donde envió una felicitación a las madres mexicanas. "La maternidad es un don sublime que la Iglesia exalta" y alerta que "la familia está siendo atacada de mil formas diversas [a través de] la violencia, el aborto, la eutanasia".

Aunque aplaudía que la sociedad era cada día más sensible sobre los derechos del niño, señaló:

> Está expuesto todavía a no pocos males: el egoísmo de una parte de la sociedad que atenta contra su vida antes de nacer, con la práctica del aborto; la insuficiente alimentación, que puede afectar todo su futuro desarrollo; la falta de afecto, los malos tratos con diversas formas de violencia; cuando no el delito de abuso de menores y el crimen de introducirlos en la espiral de la droga.

Dedicó parte de su mensaje al tema de la educación y subrayó:

> Es legítima la acción de las asociaciones de padres de familia que... reclaman, dentro del orden establecido y en un diálogo respetuoso con las autori-

dades de la nación, el derecho a educar libremente a los hijos, según su propio credo religioso; a crear escuelas que correspondan a este derecho y a que las leyes del país reconozcan explícitamente tal derecho.

Más tarde el obispo de Roma se trasladó a Monterrey, Nuevo León, ciudad en la que encabezó la celebración eucarística para el mundo del trabajo. La calurosa acogida y las muestras de afecto y gratitud fueron opacadas por una terrible noticia. Ahí fue enterado del accidente aéreo en el que murieron veintidós personas, entre ellas el obispo de Tapachula, Luis Miguel Cantón Marín, cuando viajaban a Chiapas para ultimar los detalles de la recepción que le harían un día después.

Durante su mensaje alertó sobre una terrible tentación de "querer poner los bienes terrenos por encima de Dios", por un proceso que ha invertido la jerarquía de los valores en donde lo que es secundario y caduco, "se pone a la cabeza, pasa al primer plano. En cambio, lo que realmente debe estar en primer plano es siempre y sólo Dios".

Consideró afortunados a quienes contaban con un trabajo seguro, que les ofrecía grandes satisfacciones y les permitía sustentar dignamente a sus familias.

Pero ¿cuántos hay que sufren al no poder dar a sus hijos el alimento, el vestido, la educación necesaria? ¿Cuántos los que viven en la estrechez de un humilde cuarto, carentes de los servicios más elementales, lejos de sus lugares de trabajo; un trabajo, a veces mal remunerado e incierto, que les hace mirar al futuro con angustia y desaliento?

¡Cuántos niños obligados a trabajar en temprana edad, obreros que ejercen su profesión en condiciones poco saludables, además de la insuficiencia de instrumentos legales y asociativos que tutelen convenientemente los derechos del trabajador contra los abusos y tantas formas de manipulación!

De esta forma cuestionaba:

...los defectos de un sistema económico que no pocas veces hace del lucro y del consumo su principal motor, que subordina el hombre al capital, de forma que, sin tener en cuenta su dignidad personal, es considerado como una mera pieza de la inmensa máquina productiva, donde su trabajo es tratado como simple mercancía merced a los vaivenes de la ley de la oferta y la demanda.

Y advertía que la Iglesia:

...no puede en modo alguno dejarse arrebatar, por ninguna ideología o corriente política, la bandera de la justicia... ante los numerosos problemas del desarrollo socio-económico; ante los problemas relacionados con el capital, con la producción y distribución de los bienes, tan desproporcionada e injusta especialmente en algunas regiones del mundo.

Entre el dolor y la colorida alegría indígena

Entre dos sentimientos, el dolor por la tragedia y la alegría por la visita papal, se desarrolló el encuentro del Papa Juan Pablo II con representantes de unas cincuenta etnias indígenas del país reunidos en Tuxtla Gutiérrez, Chiapas.

Aquel jueves 11 de mayo, el Santo Padre acudió a la catedral de San Marcos en la capital chiapaneca. Por espacio de quince minutos oró ante el féretro del obispo de Tapachula, Luis Miguel Cantón, muerto en la víspera junto con otras veintiún personas.

Tras besar el féretro expresó su "más viva participación de sufrimiento de cuantos lloran a sus familiares" y recordó que "la muerte no es la última palabra pues para quien tiene la fe, la vida no termina, se transforma".

De ahí se trasladó a una explanada de cincuenta y ocho hectáreas llamada Pumpushuti, en la reserva ecológica Tuchtlán, vestida de los coloridos trajes tradicionales de los indígenas reunidos para escuchar el mensaje del vicario de Cristo, dirigido también a los cerca de dos millones de refugiados y desplazados centroamericanos "que han tenido que abandonar sus lugares de origen a la busca de... mejores condiciones de vida."

Muchos de ellos se encuentran en situaciones dramáticas debido a la falta de medios, a la inseguridad y a la ansiosa búsqueda de una ubicación adecuada. A ellos quiero repetir unas palabras... Nosotros os acompañaremos y os sostendremos en vuestro camino, reconociendo en cada uno de vosotros el rostro de Cristo exiliado y peregrino, recordando cuánto él dijo, "cuantas veces habéis hecho esto a uno solo de estos pequeños, me lo habéis hecho a mí".

Hizo entonces un llamado a la solidaridad, a la caridad y a la justicia, "para socorrer a tantos hermanos y hermanas que sufren toda clase de privaciones, lejos de sus lugares de origen".

Dirigió luego un saludo en idioma tzotzil *Chiítlao amteletíc ta osíl, li Cajbaltiqué chas caníc, cuchaál tij amteletíc yuuné "sventa ti balumilé ti ta jún teclumé (Mt 5, 13). Bataníc ta sjoyléc balumíl alíc li schul mantalé sventa scotol ti crishchanoé.* ("Hermanos campesinos e indígenas: Jesús os quiere, como a todos sus discípulos 'sal de la tierra y luz del mundo'. 'Id por todo el mundo y proclamad la Buena Nueva a todos los hombres'").

También lo hizo en idioma zoque: *Atzídam nasniyosatyambabáis yaquiitaubáis, Papais schundámba wjumtam jomojabá wanjamgukiánjins tzúpsojuse te Mansanórc chácpa ema te kipkúy ne kionatzoyúse te wit te itcujin; itúba wábá mi kipsokiújin y ñostambabais te ñoskuñasómo te is Istcúshe. Otzi mi namatiaguetarítzi mitam: ¡Mina yoki, Komi, mina yoki!* ("Hermanos campesinos e indígenas: El Papa os quiere a todos llenos de fe, difundiendo el Evangelio, haciendo a un lado la violencia, respetando la vida de la naturaleza, pero conscientes de su dignidad de trabajadores en el campo de su Reino. Con vosotros exclamo: ¡Ven Señor Jesús!").

Estas palabras en las lenguas originales provocaron una emoción indescriptible entre los indígenas, quienes se entregaron al pontífice con flores y loas en sus idiomas originales.

De Chiapas continuó su recorrido por el sureste del país, fue a Tabasco a donde acudió a bendecir la catedral de Villahermosa; fue recibido entre gritos y porras, especialmente de los seminaristas. Les dijo:

> La catedral ha de ser punto permanente de referencia al que todos los fieles de Tabasco dirijan su mirada. En ella confluyen simbólicamente vuestra unión con Cristo y con toda su Iglesia; ella reclamará siempre de vosotros fidelidad, colaboración y empeño, para dilatarse ulteriormente en abundantes obras de evangelización y de caridad.

Y habló a los enfermos presentes en la ceremonia y a todos quienes sufrían de algún padecimiento:

> Me dirijo a todos los que sufrís para deciros, una vez más, que ocupáis de verdad un lugar privilegiado, en el corazón de la Iglesia, en el corazón del Papa: El Papa, así como toda la Iglesia, encuentran en vuestro dolor, ofrecido a Dios, junto con la Pasión de Cristo, un fuerte apoyo para realizar la misión que el Señor les ha encomendado... La enfermedad, cuando se acepta, nos acerca a Cristo.

Más tarde en una misa para los fieles de la diócesis de Tabasco, dirigió un mensaje a los chontales y choles, también en sus lenguas originales: *Kiitzonlop aj chontalop: Q'Papla uyolin k'en aj chontalop uchen u etzen y ejemplo aj antibalop kaama Gabriel García uy'ki u vida por u fe; che' uchen aj chontalop che miclop por u fe.*

("Hermanos chontales: el Papa os quiere mucho y os anima a seguir el ejemplo de vuestro antepasado el indio Gabriel García, quien dio su vida por la fe. Así también los chontales han de ser fieles en su fe").

Bajche' añetla kermañujo' choles. Tiuli kula' añetla ucbu la lumal ti' Tabasco com joñon mi aña' tiala' pa'milil cha' añ mi ashik labu la sumbal ti Sínodo. ("¿Cómo estáis, hermanos choles? He venido a visitaros aquí en Tabasco. Quiero que os deis cuenta de la importancia que tiene para vosotros seguir caminando en el Sínodo Diocesano").

Y se refirió a un hecho doloroso: a quienes se unían a sectas asaltados por las dudas y vacilaciones por falta de fe. "Todo esto ha de constituir una llamada a reavivar vuestra unión con Cristo en la Iglesia, sintiendo como propia la responsabilidad de sostener a los que vacilan y de recuperar a los alejados o indiferentes".

Añadió que nadie podía considerarse ajeno a la responsabilidad de promover el crecimiento y de renovar la vitalidad de la Iglesia en las comunidades. Los exhortó a que la asumieran sin miedo:

> ¡Volved, pues, sin miedo! La Iglesia os espera con los brazos abiertos para reencontraros con Cristo. Nada haría más feliz el corazón del Papa, en este viaje pastoral a México, que el retorno al seno de la Iglesia de aquellos que se han alejado. ¡Que Cristo os ilumine y os mueva a la conversión!

La Iglesia no es un partido político

La agenda del penúltimo día de esa segunda visita papal a México anticipaba actividades agotadoras desde Zacatecas al Distrito Federal, de encuentros con mineros a otros con la comunidad intelectual, así como la inauguración de la nueva sede de la Conferencia del Episcopado Mexicano y las directrices para la labor de la Iglesia católica en los años por venir.

En la capital zacatecana disertó sobre "la gran dignidad del trabajo humano". Ante miles de campesinos, trabajadores y mineros de la entidad y de diócesis vecinas como Guadalajara, San Luis Potosí, León, Querétaro, Celaya, Autlán, Ciudad Guzmán o Tepic, detalló "el evangelio del trabajo". Dijo a los campesinos:

> ¡Cuántos de vosotros pasáis toda la vida sometidos al duro trabajo del campo, recibiendo quizás salarios insuficientes, sin la esperanza de conseguir un día un pedazo de tierra en propiedad, con problemas de vivienda, de inseguridad social, preocupados por el porvenir de vuestros hijos!
> ¡Cuántas dificultades debéis de afrontar para obtener créditos suficientes con intereses moderados, cuántos riesgos hasta llevar la cosecha a buen término, cuántas dificultades para conseguir una mejor capacitación agrícola!

Ante ese panorama, reconoció que es fácil caer en la "tentación seductora" de marcharse a la ciudad donde, por desgracia, "se verán obligados a aceptar condiciones de vida todavía más deshumanizantes".

> La solución a los nuevos problemas del campo requiere la colaboración solidaria de todos los sectores de la sociedad... No es justo que intereses de grupos, no tengan en cuenta las exigencias del bien común ni las necesidades cada día más insoslayables de los campesinos, y pongan la ganancia a toda costa como única meta a conseguir.

Se dirigió a los mineros, "en vuestros semblantes se dejan traslucir las señales de la soledad, de la fatiga, de las privaciones propias de una vida austera que ha forjado en vosotros un temple recio, capaz de resistir al cansancio, al sufrimiento y a la adversidad".

Exhortó a los trabajadores en general a apoyarse para defender sus derechos y les insistía en que cualquier actividad laboral, por difíciles que fueran las circunstancias en que se realice, "puede y debe ser fuente de progreso social y de maduración personal. Sí, vuestro trabajo, en el campo o en la mina, cualquier ocupación humana honesta, puede y debe ser ocasión para alabar a Dios y encontrar a Cristo".

Más tarde en la Ciudad de México, bendijo las nuevas instalaciones de la Conferencia del Episcopado Mexicano en el Lago de Guadalupe y ahí pronunció uno de los discursos claves de su visita. "Es urgente asumir valientemente el desafío de una nueva evangelización de México" ante el surgimiento de ideologías "que quieren construir una sociedad sin Dios". El éxito de nuevos grupos religiosos, advirtió:

[...] se debe a la tibieza e indiferencia de los hijos de la Iglesia, que no están a la altura de su misión evangelizadora, por su débil testimonio de una vida cristiana coherente, su descuido de la liturgia y de las manifestaciones de piedad popular, así como por la escasez de sacerdotes y agentes pastorales, entre otras causas.

Criticó a la Teología de la Liberación:

Estas versiones equivocadas y reductivas de la liberación continúan esparciendo un espíritu de conflicto y generan dolorosas fracturas que exigen una reconciliación en torno a la Verdad que viene de Dios, y que el Magisterio de la Iglesia propone para ser creída y vivida en la plena caridad.
El amor a la Iglesia reclama un esfuerzo pastoral en favor de la unidad, respetando siempre el pluralismo legítimo, pero orientado decididamente al encuentro de aquellos que están en el error, para invitarlos a rectificar y a participar de la comunión y de la fidelidad plenas.

Dejó en claro que:

La Iglesia ...por razón de su misión y de su competencia, no se confunde en modo alguno con la comunidad política ni está ligada a sistema político alguno. Mostraría un gran desconocimiento de la naturaleza de la Iglesia, quien pretendiera identificarla con un sistema o, si se prefiere, con un partido político.

Sin embargo, aclaró que esto no significaba que la Iglesia no tuviera nada que decir a la comunidad política, "para iluminarla desde los valores y criterios del Evangelio" y añadía que "no se trata de una injerencia indebida en un campo extraño, sino que quiere ser un servicio a toda la comunidad desde el Evangelio, en el respeto mutuo y la libertad". En ese momento se dijo satisfecho, "por el clima de mejor entendimiento y colaboración que se estaba instaurando entre la Iglesia y las autoridades civiles en México. Os animo a continuar decididamente en vuestro propósito de diálogo constructivo con las autoridades".

E hizo suyas las palabras de Adolfo Suárez Rivera, arzobispo de Monterrey y Presidente de la Conferencia del Episcopado Mexicano, "la Iglesia en México quiere ser considerada y tratada no como extraña, ni menos como enemiga a la que hay que afrontar y combatir, sino como una fuerza aliada a todo lo que es bueno, noble y bello". Finalmente, encomendó a los obispos:

[...] hacer un esfuerzo para que el mensaje del Evangelio y los valores que éste encarna se hagan cada vez más presentes en los medios existentes en el país y, en la medida de lo posible, la Iglesia pueda contar también con sus propios medios de comunicación social, en los que colaboren competentes e íntegros profesionales cristianos.

La hora del mutuo reconocimiento Iglesia-Estado

Era de noche y una lluvia insistente caía sobre la Ciudad de México aquel sábado 12 de mayo de 1990. Al término de una intensa jornada y como una de sus actividades finales en su segunda visita pastoral a México, Juan Pablo II se reuniría en la Biblioteca México con los representantes del mundo de la cultura, de las ciencias, de las artes y de las letras.

Entre ellos se encontraban Rufino Tamayo, Víctor Flores Olea, Benita Galeana y Fernando Benítez, entre muchos otros invitados. Octavio Paz y Silvio Zavala fueron los encargados de girar las invitaciones. Ya en el evento, el historiador Zavala le dio la bienvenida y recordó la obra de Vasco de Quiroga y la de fray Julián Garcés. Sus palabras sobre la defensa de la libertad y de los derechos indígenas, fueron interrumpidas por gritos de "¡Viva Cristo Rey!".

En su primer encuentro con intelectuales de América Latina habló de "El Otoño de las Naciones", las revoluciones de 1989 que recorrieron Europa del Este y que desencadenaron, en los meses siguientes, el derrocamiento de los estados socialistas de estilo soviético.

La agitación política que comenzó en Polonia y condujo a una oleada de revoluciones pacíficas en Alemania Oriental, Checoslovaquia, Hungría, y Bulgaria, así como a la violencia en Rumania donde el jefe de Estado fue ejecutado.

Revoluciones que cambiaron enormemente el equilibrio del poder en el mundo y marcaron, junto con el subsecuente derrumbe de la Unión Soviética, el final de la Guerra Fría.

Asistimos a un cambio que afecta a toda la sociedad contemporánea. Se trata en efecto, de una nueva época muy compleja, en la que forzosamente conviven inercias del pasado e intuiciones del futuro. Sin embargo, precisamente en estas circunstancias, debéis dar prueba, como hombres de la cultura, de vuestra lucidez y de vuestro espíritu penetrante. Estáis llamados a dar vida a una nueva época también en el nuevo continente, lo que constituye como un desafío para vuestro quehacer intelectual, sugería el Papa polaco a la comunidad intelectual del país.

El representante de la Iglesia católica mundial señaló que estos hechos alejaban sensiblemente "la amenaza de una destrucción total que se cernía sobre la humanidad contemporánea. Hoy se respira un aire renovado y se nota por doquier como un resurgir de la esperanza".

Además, "El Otoño de las naciones" probaba dos realidades: que el sistema basado en el materialismo marxista "ha decepcionado por sí mismo. Quienes lo propugnaban y quienes fundan su esperanza en esos intentos han quedado advertidos".

Y que los modelos culturales afianzados en los países más industrializados "no" aseguran totalmente una civilización digna del hombre.

Baste pensar en la pérdida del significado de la vida humana, puesta de manifiesto en el elevado número de suicidios, característico de algunos países altamente industrializados, y testificada también trágicamente por el aborto y la eutanasia. Se está verificando un proceso de desgaste, el cual, afectando a la raíz, no dejará de acarrear dolorosas heridas para toda la sociedad.

El nutrido y selecto público escuchó el mensaje, palabra por palabra, en el más completo de los silencios y trataba de descifrar sus alcances y significados, continuó el Santo Padre, "la Iglesia siempre ha tratado de favorecer la cultura, la verdadera ciencia, así como el arte que enaltece al hombre o la técnica que se desarrolla con profundo respeto de la persona y de la misma naturaleza".

Y lanzó que han existido y existen "incomprensiones y malentendidos respecto a determinados postulados de la ciencia... La Iglesia necesita de la cultura, así como la cultura necesita de la Iglesia." Explicó, "se trata de un intercambio vital que, en un clima de diálogo cordial y fecundo, lleve a compartir bienes y valores que contribuyan a profundizar la identidad cultural, como servicio al hombre y a la sociedad mexicana".

La indeclinable vocación de servicio al hombre, agregó, es la que mueve a la Iglesia a dirigir su llamado a los intelectuales mexicanos, comenzando por los intelectuales católicos para que "no ahorren esfuerzos en llevar a cabo aquella labor integradora... que asiente las bases de un auténtico humanismo integral que encarne los valores superiores de la cultura y de la historia mexicana".

Para concluir, aseguró que la verdadera cultura tiende siempre a unir, no a dividir, por lo que los exhortó a que en su búsqueda constante de la verdad, de la belleza y del conocimiento científico, trataran de unir voluntades para buscar soluciones a los innumerables problemas que planteaba la existencia humana.

Al final del acto, Octavio Paz resumió que, para él, ese acto no tenía un significado realmente religioso, sino histórico.

> En 1810 se inició una lucha que se agravó en 1857 y que se había prolongado hasta el siglo XX. Esa lucha es hoy anacrónica. El jacobinismo de nuestros abuelos liberales es tan anacrónico como el grito "¡religión y fueros!" de nuestros abuelos conservadores.
> La visita del Papa cierra un capítulo de nuestra historia. Un largo capítulo que ha durado cerca de dos siglos. La separación entre la Iglesia y el Estado es un hecho consumado que nadie discute, pero separación no quiere decir ni guerra ni pelea. Es hora de un mutuo reconocimiento.

Mi corazón se queda en México

Desde temprana hora miles de capitalinos salieron nuevamente a las calles para despedir al Papa peregrino luego de ocho días de visita pastoral a México. No importaron las inclemencias del tiempo, ni las incomodidades o el cansancio, lo importante era ver "aunque sea poquito y de lejitos" al Santo Padre.

Por la mañana, antes de que saliera de la sede apostólica, recibió la llamada del presidente Carlos Salinas, quien le deseó feliz viaje y formuló votos "por su ventura personal". El papa Wojtyla le reiteró su agradecimiento y reconocimiento "por la extraordinaria recepción" de la que fue objeto.

Luego el último contacto multitudinario en su recorrido hacia el aeropuerto donde lo despidió el secretario de Relaciones Exteriores, Fernando Solana, "deja usted un país conmovido por su presencia, lleno de alegría y de vitalidad. Y como usted ha podido observar, con profundo afecto hacia usted de parte de quienes lo acompañaron y aplaudieron a lo largo de sus recorridos por el país".

Vino entonces el mensaje político. El canciller destacó que de todos los valores fundamentales del hombre, el que más apreciaban los mexicanos era el de la libertad.

> Vaya con la convicción de que esta libertad mexicana prevalecerá. Que esta alegría y este dinamismo de México serán dos de las fuerzas que continuarán alentando nuestro empeño por ser cada vez mejores y más justos. Y también con la certeza de que las decisiones fundamentales de nuestro país, las seguiremos tomando los mexicanos, en libertad, con base en nuestra experiencia histórica, en nuestros principios nacionales y en nuestros proyectos futuros.

Concluía su discurso con la frase "Juan Pablo II, amigo de México".

La ovación no se hizo esperar. Emocionado, Su Santidad respondió con ese gesto amable y lleno de bondad, "con mi mayor afecto me despido, pero no os digo adiós. Me quedo con vosotros, porque os llevo en mi corazón: mejor diría, mi corazón se queda en México".

Resaltó que en su recorrido por la vasta geografía mexicana, "he hallado siempre el calor humano y el afecto... En esta perspectiva, llena de luz y de confianza, a ti, querido pueblo de México, te repito la consigna que ya te propuse, hace once años, cuando tras haber besado, con honda emoción este suelo, dirigí en la catedral primada mi primera alocución, "*Mexicum semper fidele*, México siempre fiel".

La respuesta se dio en una mezcla de lágrimas y júbilo, más cuando deseó a los mexicanos su firme deseo "de afrontar los problemas con ánimo sereno y esperanzado, dispuestos a buscar soluciones por el camino del diálogo, de la concordia, de la solidaridad, de la justicia, de la reconciliación y del perdón". Una última frase que llegó al alma y al corazón:

> ¡Adelante, México! El Papa se va, pero se queda con vosotros. El Papa os ama y desea permanecer a vuestro lado infundiéndoos ánimo para afrontar los problemas y acompañándoos por los difíciles caminos que tendréis que recorrer. ¡No tengáis miedo! ¡Abrid de par en par las puertas a Cristo!

Subió las escalerillas del avión que lo llevaría a Curazao y bendijo esta tierra que ya era suya. México era de Juan Pablo II y el Papa ya era mexicano.

El tercer viaje, 1993

Las horas previas

En Mérida, Yucatán, aquel miércoles 11 de agosto de 1993, el ambiente era de fiesta. Sobre las fachadas de casas y edificios había fotografías y carteles para darle la bienvenida a Juan Pablo II quien, por tercera ocasión, estaba de visita en suelo azteca.

Banderas del Vaticano se entrelazaban con otras con los colores nacionales. Vendedores en cada esquina ofrecían gorras, camisetas, botones, abanicos, medallas, escapularios, monedas y hasta paraguas para protegerse del intenso sol.

No había otro tema de conversación entre los habitantes de "La ciudad blanca" que encontrar el lugar adecuado para estar lo más cerca posible de Su Santidad algunos planeaban pasar la noche en casa de algún familiar o vecino y otros, de plano, hacían vigilia.

En el Paseo Montejo se instalaron las gradas desde las que se observaría parte del recorrido. Ahí se "alquilaba" gente. Sí señor, hubo quienes, a cambio de un pago, fueron capaces de ocupar y pasar la noche entera para apartar un lugar y reservarlo a quienes llegaran muy temprano al siguiente día.

En los restaurantes hacían falta cocineros y meseros para atender a los desesperados comensales. Panuchos, papadzules, cochinita pibil, queso relleno y todos los demás platillos de la rica gastronomía yucateca, fueron insuficientes. Por supuesto que no podían faltar las cervezas Montejo. "¡Salud por el Santo Padre!". "¡Bomba!", era la respuesta, de los alegres meridanos.

150

En las calles, el tránsito era poco menos que imposible. Encontrar un taxi literalmente era todo un milagro, mientras cientos de autobuses con miles de peregrinos de todo el país continuaban su arribo. En el aeropuerto prevalecía el caos: carros de alquiler oficiales y "piratas" invadieron las pistas para ganar el pasaje, ante la mirada atónita de los controladores aéreos. Soldados tuvieron que intervenir para imponer el orden.

Debido a que los taxis fueron desalojados, a los pasajeros de las distintas líneas áreas no les quedó de otra que caminar por lo menos un kilómetro, con equipaje a cuestas, para llegar a los mostradores. En un acto de "cristiandad" los trabajadores del volante anunciaron que no cobrarían a las personas que viajaran a Xoclán, uno de los puntos donde se iba a celebrar una misa multitudinaria, entre las seis de la mañana y el mediodía. Además, sólo pedirían diez pesos por los trayectos en el perímetro de la ciudad.

El personal del Estado Mayor Presidencial (EMP) se multiplicó para entregar acreditaciones a los representantes de los medios, vigilaban la terminal aérea, para evitar que se desbordaran los contingentes apostados a lo largo de los trayectos y en los alrededores de los lugares donde se celebrarían las misas y los encuentros.

Dieron la orden: las ochenta personas que recibirían la comunión directamente del Papa en Xoclán, también tenían que portar una acreditación con fotografía tamaño infantil; así que los afortunados buscaban con desesperación un lugar para tomarse la foto. Sin embargo, dieciocho de ellos se confundieron y presentaron imágenes de cuando eran niños. Un general del EMP soltó la carcajada, ante la ocurrencia, y como no, los fieles tenían un tanto de inocencia, y otro de picardía que caracteriza al pueblo mexicano.

Las religiosas de la Cruz del Sagrado Corazón de Jesús tenían la encomienda de preparar las trescientas mil hostias que se repartirían en la eucaristía. Dos iban a ser especiales, de unos veinte centímetros, "para que se vean bien desde lejos", y éstas eran la que usaría el papa Wojtyla durante la celebración; otras quinientas tendrían un tamaño un poco más grande de lo normal para los sacerdotes, y el resto ya fueron tamaño estándar.

Así, entre las escenas de fe, la euforia, el desorden y hasta momentos cómicos, transcurrieron las horas previas al arribo del Vicario de Cristo.

La cumbre del avión de la concordia

A diferencia de las dos visitas papales previas, la tercera se dio en un contexto político distinto. Las relaciones diplomáticas entre México y la Santa Sede se habían restablecido un año antes, el 21 de septiembre de 1992, luego de las reformas al artículo 130 de la Constitución y de la entrada en vigor de la Ley de Asociaciones Religiosas y Culto Público que dio personalidad jurídica a las Iglesias y asociaciones religiosas.

Además pesaba la sombra del asesinato del cardenal Jesús Posadas Ocampo ocurrido tres meses antes, el 24 de mayo, a plena luz del día en el estacionamiento del aeropuerto de Guadalajara, Jalisco, cuando el prelado fue a recibir al Nuncio Apostólico, Girolamo Prigione, con quien iba a celebrar por primera vez la fiesta litúrgica de "Cristóbal Magallanes y sus compañeros mártires", beatificados seis meses antes.

Para ese entonces la Procuraduría General de la República (PGR) sostenía que el cardenal Posadas había sido víctima de un fuego cruzado entre narcotraficantes rivales, en un fallido intento por matar a Joaquín "El Chapo" Guzmán, líder del Cártel de Sinaloa.

Así, mientras el Papa volaba de Kingston, Jamaica, a Mérida, y desayunaba jugo, fruta y crepas de manzana, ya producía en México un milagro de carácter político: una reunión entre el presidente Carlos Salinas de Gortari y los líderes de los partidos políticos.

El avión TP-02 Presidente Carranza de la Fuerza Aérea Mexicana, despegó del Hangar Presidencial a las ocho y cuarto. En la parte delantera de la nave se acomodaron los secretarios de Relaciones Exteriores, Fernando Solana; de Gobernación, Patrocinio González Garrido; de Comunicaciones y Transportes, Emilio Gamboa Patrón, y de la Reforma Agraria, Víctor Cervera Pacheco.

Más atrás tomaron asiento los jerarcas de la Iglesia Católica, entre ellos el nuncio Prigione, el cardenal Ernesto Corripio Ahumada, y el presidente de la Conferencia del Episcopado Mexicano (CEM), Adolfo Suárez Rivera. Y hasta la última zona del avión, se instalaron los líderes de los partidos.

En pleno vuelo González Garrido pidió a Porfirio Muñoz Ledo, líder del PRD, que pasara al privado del primer mandatario. Minutos después lo hicieron el resto: Fernando Ortiz Arana, del PRI; Carlos Castillo Peraza, del PAN; Rafael Aguilar Talamantes, del Partido del Frente Cardenista de Reconstrucción Nacional (PFCRN); Marcelo Gaxiola, del Partido

Demócrata Mexicano (PDM), Alberto Anaya, del PT; Jorge González Torres, del PVEM, y Rosa María Martínez Denegri, del Partido Auténtico de la Revolución Mexicana (PARM).

Durante la "Cumbre del avión de la concordia", como los medios bautizaron a ese inusual encuentro, los políticos bromearon y dialogaron sobre que más podría ser, obviamente de política y religión. Muñoz Ledo la resumiría así, "fue una charla grata y espero que ésta nos lleve a un diálogo político que implique compromisos y a una nueva era de la relación entre los partidos y el gobierno que encabeza Salinas de Gortari".

La voz de la esperanza

A las diez de la mañana y siete minutos, el avión papal tocó por tercera ocasión las tierras mexicanas. El director de protocolo de la Cancillería, Ricardo Ampudia, y el nuncio Prigione, subieron la escalerilla y le informaron a Su Santidad que el presidente Salinas lo esperaba para darle la bienvenida oficial a nombre del pueblo.

El papa Juan Pablo II se asomó a las diez de la mañana con diecisiete minutos y fue recibido con un sonoro aplauso. Con lentitud bajó de la aeronave hasta encontrarse con el mandatario mexicano. Ambos se estrecharon la mano de manera afectuosa. Sobre la alfombra roja, el cardenal de Roma se llevó la mano derecha al corazón y luego la extendió, como si estuviera regalándole su corazón a todos los presentes y a quienes lo seguían desde la señal de televisión.

Se escucharon las veintiún salvas y los himnos nacionales

de ambos Estados. Por primera vez en la historia de las relaciones bilaterales, una comitiva oficial del gobierno mexicano integrada por los secretarios de Gobernación y de Relaciones Exteriores; el embajador de México en el Vaticano, Enrique Olivares Santana, y la gobernadora de Yucatán, Dulce María Sauri Riancho, recibieron no sólo al Papa, sino al Jefe del Estado de la Ciudad del Vaticano.

"Su visita es signo de concordia y de armonía. Lo recibimos con alegría y con gran aprecio; sea usted bienvenido Papa Juan Pablo II, peregrino de la paz, voz de esperanza y amigo siempre cercano al corazón de los mexicanos", le dijo en su discurso el jefe del Ejecutivo.

En el tercer encuentro entre los dos jefes de Estado (el primero fue el 6 de mayo de 1990, durante la segunda visita de Su Santidad a México; y el segundo en el Vaticano el 9 de julio de 1991, durante una gira de trabajo del presidente Salinas por varios países de Europa), el mandatario mexicano le expresó su preocupación por el "lenguaje de las armas".

> En la diversidad y en la pluralidad encuentra a un México unido que se propone conjuntar dos tiempos: el de la historia y el de la esperanza, con prudencia pero sin demoras, en un mundo en que ha enmudecido a la razón y que habla el lenguaje de las armas y en el que la irracionalidad amenaza la convivencia humana.

En el aeropuerto Manuel Crescencio Rejón, el Santo Padre respondió:

Vengo como peregrino de amor y esperanza, con el deseo de alentar el impulso evangelizador y apostólico de la Iglesia en México. Vengo también para compartir vuestra fe, vuestros afanes, alegrías y sufrimientos. Vengo a celebrar en esta bendita tierra del Mayab, cuna de la gloriosa civilización, a Jesucristo que confió a su Iglesia la tarea de proclamar en todo el mundo su mensaje de salvación.

La Iglesia católica, que ha acompañado la vida de la nación durante cinco siglos de su historia, renueva su voluntad de servicio a la gran causa del hombre, a la edificación de la civilización del amor, que haga posible una sociedad más justa y fraterna, concluía su mensaje.

Salinas lo acompañó entonces al helicóptero 01 Emiliano Zapata que lo llevó a Izamal, donde se reunió con los representantes de las etnias de América Latina. A su regreso de ese emotivo encuentro, continuaron las conversaciones privadas en el Salón de los Retratos del Palacio de Gobierno de Yucatán.

El presidente le entregó un regalo elaborado por niños en situación de calle que trabajaban en un taller en lo que alguna vez fue la casa de Joaquín Fernández de Lizardi, "el pensador mexicano". Además, le obsequió una primera versión del Padre Nuestro en español, que data de 1529, ilustrada con una serie de serigrafías inspiradas en el grabado "Cristo en la cruz con tres ángeles", obra de Alberto Durero, el artista más famoso del Renacimiento alemán, de 1523.

Al término de ese encuentro privado, Salinas de Gortari

aseguró que "fueron de gran calidad las palabras del Papa, siempre generosas hacia México y hacia los mexicanos, llenas de alegría. Hablamos también sobre la circunstancia por la que hoy atraviesa el mundo, la preocupación sobre la ex Yugoslavia y la perspectiva de la necesidad de paz entre los seres humanos".

Un tema que no podía eludirse era el del asesinato del cardenal Posadas Ocampo, "que estaría entre nosotros si la bárbara e injusta violencia no hubiera sesgado su vida", dijo de manera emotiva el Papa.

El derecho a ser distintos porque somos iguales

En el tierno rostro de Juan Pablo II se observaba un rictus de dolor. Con sus manos apretaba los brazos de la silla que ocupaba. Llevaba sus manos a la frente. Oraba en voz baja, murmuraba. Cerraba los ojos.

Al centro del altar la imagen de la Virgen de Izamal, Reina de Yucatán y en el atrio del santuario colgaban carteles de la Guadalupana. Esas imágenes formaron un curioso contraste con las máscaras de figuras mayas que estaban a pocos metros de distancia y que traían a colación a Kukulkán, el Gran Sacerdote, y a los dioses Chac de cada uno de los cuatro puntos cardinales.

El sucesor de Pedro, con mano temblorosa, bendijo a los indígenas desde el mismo lugar en que fue sepultado el gran sacerdote It-Zamma que guió a su pueblo por las tierras del Mayab y que se llamaba a sí mismo, "soy el rocío del cielo y las nubes".

El indígena Primitivo Cuchil le dirigió un sentido mensaje. Le habló de "tú":

> No quiero que pienses que me estoy quejando y que creo que todos nos quieren hacer daño. Nosotros también hemos cometido errores, el principal de todo, es que hemos perdido mucho de lo que nos enseñaron nuestros abuelos. A pesar de todo, tenemos una esperanza, creemos en un futuro mejor, deseamos que llegue pronto.

Visiblemente conmovido, el papa Wojtyla señaló que la situación de miseria que viven los pueblos indígenas reclamaba soluciones "audaces" y lanzó severas críticas al sistema económico "cuyo motor principal es el lucro, donde el hombre se ve subordinado al capital, convirtiéndose en una pieza de la inmensa máquina productiva, quedando su trabajo reducido a simple mercancía a merced de los vaivenes de la ley de la oferta y la demanda".

Desde ese convento franciscano situado a 75 kilómetros al suroeste de Mérida, el pontífice invitó a todos los gobiernos y responsables de la promoción social en América Latina, a poner todos los medios a su alcance para aliviar los problemas que aquejaban (y aquejan) a los pueblos indígenas, a fin de garantizarles una vida digna.

Extendió ese llamado a las sociedades desarrolladas para que, superando los esquemas económicos que se orientan de modo exclusivo al beneficio, buscaran soluciones reales y efectivas a los graves problemas que enfrentan amplios sectores del continente. La doctrina social de la Iglesia, agregó, sostiene que los bienes de la Creación han sido destinados por Dios para servicio y utilidad de todos los seres humanos. "De ahí que nadie debe apropiárselos o destruirlos irracionalmente, olvidando las exigencias superiores del bien común".

En lo que algunos consideraron el discurso más importante de su tercera visita a México, el Santo Padre aseguró que la Iglesia no puede dejarse arrebatar por ideologías "dudosas o pasajeras" o por corrientes políticas, la bandera de la justicia social, la cual es una de las primeras exigencias del Evangelio.

No obstante, si algo se llevó el papa Wojtyla de este emotivo encuentro fue el cierre del contundente mensaje del representante de la etnia maya quien le expresó el menosprecio del que son objeto los indígenas, sometidos a la burla permanente, a la discriminación y condenados a la miseria.

Primitivo Cuchil arrancó las lágrimas papales:

Dicen que tú ayudaste a tu país a ser libre y que ayudaste a muchos otros a vivir como querían. Por eso, creo que hoy es un buen día para que tú nos ayudes a decir que tenemos derecho a vivir tranquilos, a conseguir nuestra comida, a tener hijos, a cuidar tierras, a hablar nuestro idioma y a vestir nuestra ropa. Tú puedes ayudarnos a entender que tenemos derecho a ser distintos porque somos iguales.

Por una sociedad justa y fraterna

Caía la noche en la explanada de Xoclán-Muslay, en la ciudad de Mérida. Decenas de miles de fieles aguardaban pacientemente la llegada de Juan Pablo II. Se encontraban ahí desde la noche anterior.

Junto a los obispos mexicanos, el Papa concelebró la ceremonia religiosa y expresó que ante las injusticias del pasado, la reconciliación y el perdón eran la fórmula idónea para el desarrollo y para construir una sociedad más justa y fraterna.

El Santo Padre no podía evitar el cansancio que le había provocado un día de intenso trabajo, pero de manera estoica, encabezó la misa que se prolongó casi por tres horas. Invitó a los padres de familia a hacer de su casa un hogar cristiano, evangelizado y evangelizador.

Pidió a los jóvenes convertirse en heraldos y defensores de la civilización de la solidaridad y del amor entre los hombres; a los trabajadores y campesinos, a que transformaran su actividad en un instrumento de hermandad, justicia y solidaridad; a los profesionales y hombres de cultura, a que impregnaran las realidades temporales con el espíritu evangélico, y a los gobernantes y funcionarios públicos a que dedicaran con honestidad lo mejor de sí a favor de la convivencia pacífica, la libertad y el desarrollo.

Todas sus intervenciones fueron objeto de calurosas muestras de afecto. Y como regalo nos dejó una frase que dio y da sentido a la responsabilidad y el destino común, "trabajen para construir una sociedad justa y fraterna".

Tac u laak kin

Desde las tribunas metálicas colocadas en el aeropuerto Manuel Crescencio Rejón la gente vestida de blanco y amarillo le gritó las frases que se habían hecho famosas en las visitas anteriores y que ya eran conocidas en todo el mundo.

Una de ellas le llamó la atención, "Juan Pablo, Segundo, te quiere todo el mundo". Sumamente alegre, respondió, "muchas gracias, yo sé que el mundo quiere al Papa, pero también sé que los mexicanos quieren de manera muy especial al Papa".

La algarabía y las porras siempre hacían retumbar todos los rincones donde se amontonaban los peregrinos, mientras el obispo de Roma señaló que durante esta breve estancia pudo comprobar los "positivos logros" que había alcanzado el país en el desarrollo cívico e institucional, aunque también veía que los sacrificios para superar los problemas económicos "debían ser compartidos con equidad entre los diversos sectores sociales".

Llamó al pueblo mexicano a no abandonar sus raíces cristianas y a reflejar su fe católica en el ejercicio de sus responsabilidades sociales, a fin de alcanzar la meta de construir un México donde reinaran la paz, la justicia y la solidaridad.

Nuevamente se dirigió a los pueblos indígenas de América Latina al reiterarles el "firme repudio" de la Iglesia católica a las injusticias, la violencia y los abusos de los que han sido víctimas a lo largo de la historia. Dijo como parte de su mensaje final:

Movido por el amor que os profeso, mi oración se dirige a Dios para que os asista en vuestra voluntad de afrontar los problemas que os aquejan con ánimo sereno y con gran esperanza, haciendo lo que está en vuestra mano para encontrar soluciones por el camino de la fraternidad, el diálogo y el respeto mutuo, y fomentando los valores evangélicos como factor de cohesión social, de solidaridad y de progreso.

Luego se escucharon los veintiún cañonazos y el pase de revista a la guardia de honor sobre la alfombra roja. Las palabras de adiós corrieron a cargo de la gobernadora Dulce María Sauri Riancho. Comentó que los mayas, cuando se despiden, dicen Tac u laak kin o también In nib O'olal Ti'Teech. Explicó que estas palabras no son un adiós convencional. Conforme a la concepción circular de los mayas, "el que se va se lleva algo de nosotros, pero también nos deja algo. Así queremos despedirnos de usted".

A las diez y cuarto, el Papa peregrino desapareció detrás de la puerta del Boeing 707 de Alitalia que lo llevaría a Denver, Colorado, último punto de su visita al continente americano donde inauguraría la Jornada Mundial de la Juventud. Evento del que, según me cuentan sus allegados, le nació la idea en México después de las muestras de amor y cariño de los jóvenes mexicanos.

El cuarto viaje, 1999

El México que perdió su inocencia

Viernes 22 de enero de 1999. Faltaban unas cuantas horas para su arribo, pero el México que recibía a Juan Pablo II no era el mismo al de su primera visita hacía justamente dos décadas atrás.

En el alzamiento del Ejército Zapatista de Liberación Nacional (EZLN) y los asesinatos de Luis Donaldo Colosio y José Francisco Ruiz Massieu en 1994; la matanza de Acteal en diciembre de 1997, así como la pérdida de la mayoría priista en la Cámara de Diputados ese mismo año, habían cambiado al país, había sangre derramada y mucho dolor. El país en resumen era distinto.

Era como si la sociedad mexicana hubiera perdido la inocencia, sin embargo, algo no cambiaba y era el amor que se profesaba al Santo Padre. En las calles se respiraba la emoción por su llegada y el nerviosismo debido a que muchas de las obras de los lugares que visitaría no se habían concluido.

Por ejemplo, en la Basílica de Guadalupe todavía no se terminaba de instalar la sacristía provisional donde el pontífice entregaría a la jerarquía católica del continente, el documento final del Sínodo de América; el elevador que le permitiría estar frente a la Virgen de Guadalupe todavía estaba en pruebas; las rejas principales del templo todavía no eran pintadas y aún no se habían instalado las mil vallas que se utilizarían para el cierre de las calles aledañas al recinto mariano.

En el autódromo Hermanos Rodríguez se ladeó la pared falsa que serviría como fondo para el altar y todavía no se colocaban los tapetes, pese a que los trabajadores estaban ahí desde una semana atrás en jornadas de veinticuatro horas.

En el Estadio Azteca faltaban detalles de la plataforma giratoria que estaría en el centro del campo para que Su Santidad se dirigiera a las cuatro generaciones de este siglo en una celebración que iba a ser transmitida simultáneamente a siete naciones del continente.

Las autoridades se dijeron confiadas de terminar los arreglos a tiempo y de tener todo listo para que las actividades se desarrollaran sin problema alguno y según lo programado y, en todo caso, señalaban que la fe y el entusiasmo del pueblo harían que todo esto quedara en una mera anécdota.

México, siempre presente

La mañana del viernes 22 de enero, a las nueve en punto, tiempo de Roma, el Papa abordó el avión Guiseppe Verdi para su cuarto encuentro con el pueblo mexicano. Fue un viaje largo. La ceremonia de bienvenida estaba programada por la tarde, a las tres y cuarto en el Hangar Presidencial.

Lo recibieron el presidente Ernesto Zedillo, su esposa Nilda Patricia Velasco y los secretarios de Relaciones Exteriores, Rosario Green Macías y de Gobernación, Francisco Labastida Ochoa. En las gradas había cuatro mil personas, entre ellas, los jerarcas católicos, algunos dirigentes políticos, gobernadores, senadores y diputados federales, así como unos trescientos periodistas acreditados.

El papa Wojtyla llegó puntual a la cita. Descendió de la escalerilla con paso lento y fiel a su costumbre, besó el suelo azteca. Como en visitas anteriores, su mensaje inicial se pronunciaba entre aplausos y porras.

> Como hace veinte años, llego hoy a México y es para mí causa de inmenso gozo encontrarme de nuevo en esta tierra bendita, donde Santa María de Guadalupe es venerada como Madre querida. Igual que entonces y en las dos visitas sucesivas, vengo cual apóstol de Jesucristo y sucesor de San Pedro a confirmar en la fe a mis hermanos, anunciando el Evangelio a todos los hombres y mujeres.

Destacó que esa cita era histórica ya que presentaría la conclusión de la Asamblea Especial para América del Sínodo de los Obispos, que no era otra cosa que las directrices de la acción pastoral de la Iglesia católica para el siglo que estaba por iniciar y que anticipaba buscar, ante todo, la consolidación de sociedades justas, reconciliadas y abiertas donde lo más importante es la dignidad del ser humano.

En repetidas ocasiones dijo que el pueblo mexicano lo había acompañado, lo mismo en las audiencias generales de los miércoles que en los grandes acontecimientos que la Iglesia celebraba en Roma y otros lugares de América y del mundo. "Aún resuenan en mis oídos los saludos con que siempre me acogen: ¡México Siempre Fiel y siempre presente!". Bastó esa sola frase para que los fieles se le entregaran emocionados hasta el llanto con gritos y porras siempre creativas. Dijo emocionado:

Pediré a Santa María de Guadalupe, al final de un milenio fecundo y atormentado, que el próximo sea un milenio en el que en México, en América y en el mundo entero se abran vías seguras de fraternidad y de paz que en Jesucristo puedan encontrar bases seguras y espaciosos caminos de progreso. Con la paz de Cristo deseo a los mexicanos éxito en la búsqueda de la concordia entre todos, ya que constituyen una gran Nación que los hermana.

El presidente Zedillo resumió el sentimiento de millones de mexicanos:

Como en cada una de las visitas de Su Santidad, lo espera un pueblo que lo quiere, lo respeta y lo admira, por traernos siempre un mensaje de paz, que es ideal supremo de la humanidad.
Recibe a Su Santidad un pueblo que sufre carencias en lo material, pero que tiene una inmensa riqueza espiritual. Esa riqueza espiritual nutre el esfuerzo y la perseverancia del pueblo de México para multiplicar las oportunidades, disminuir las desigualdades que tanto nos lastiman y lograr una vida digna para todos... Lo recibimos con el corazón en la mano. Su Santidad, Juan Pablo II, sea bienvenido a su muy amado y su muy hermoso México; sea muy bienvenido a su México amigo.

Para su traslado a la sede de la Nunciatura se repitió el milagro, esa escena que el Sumo Pontífice sólo vio en las calles de nuestro amado país. Entre dos y tres millones de personas habían formado una valla que se antojaba interminable. Una valla humana que incluso pasó la noche ahí, en la intemperie, en espera del mejor lugar para ver pasar al vicario de Cristo aunque fuera brevemente. Una multitud que nunca se cansó de aclamarlo y que tampoco lo dejó descansar con sus cantos y porras.

El continente de la esperanza

El sábado las actividades iniciaron temprano. Una vez más fue acompañado en su trayecto por cientos de miles de personas distribuidas a lo largo de los 20 kilómetros que separan a la sede apostólica de la Basílica de Guadalupe y que en su mayoría se quedaron acurrucados en las calles para asegurar el mejor lugar.

Al inicio de la calzada de Los Misterios dio su bendición a la "Magna Cruz de las Américas" que ahí se encuentra y lentamente recorrió el circuito del atrio del santuario cubierto con los tradicionales tapetes de flores y aserrín elaborados por artesanos de Huamantla, Tlaxcala.

A la celebración religiosa asistieron unas veinte mil personas, seis mil de ellas con un lugar en el interior y el resto en la explanada y las graderías colocadas en el atrio. Un hecho insólito tuvo lugar en ese momento: durante trece minutos, la imagen de la Virgen de Guadalupe desapareció. Un mecanismo hizo que la tilma de Juan Diego girara 180 grados y llegara hasta el camerino privado donde se encontraba el Santo Padre quien así tuvo un encuentro "privado" con La Morenita del Tepeyac para rezarle.

Terminado ese tiempo privado comenzó el evento más importante de esa visita: la presentación de la exhortación apostólica postsinodal Ecclesia in América que recogía las aportaciones y sugerencias pastorales del Sínodo de Obispos del Continente realizado en Roma a finales de 1997.

En portugués, francés, inglés y por supuesto en español, anunció que había decidido declarar que cada 12 de diciembre se celebrase en toda América a la Virgen María de Guadalupe "con el rango litúrgico de fiesta", lo que arrancó uno de los aplausos más sonoros y sentidos de la celebración.

Ante más de quinientos cardenales, arzobispos y obispos y alrededor de cinco mil religiosos del continente, habló de que América:

> [...] puede ser el continente de la esperanza y también el continente de la vida. Esta es nuestra plegaria: una vida con dignidad para todos, para todos los que han sido concebidos en los vientres de sus madres, para los niños de la calle, para los pueblos indígenas y afroamericanos, para los inmigrantes y refugiados, para las juventudes carentes de oportunidades, para los ancianos y todos los que sufren cualquier clase de pobreza y marginación.
>
> Queridos hermanos y hermanas, es tiempo de alejar del continente todas las formas de ataque a la vida. No más violencia, terrorismo y tráfico de drogas. No más tortura o cualquier otra forma de abuso,

como el innecesario recurso de la pena de muerte. No más explotación de los débiles, discriminación racial o cinturones de miseria. Nunca más. Son intolerables males que hacen llorar al cielo.

Y concluyó ante una ovación ensordecedora:

¡Virgen Santa de Guadalupe, Reina de la Paz! Salva a las naciones y a los pueblos del Continente. Haz que todos, gobernantes y ciudadanos, aprendan a vivir en la auténtica libertad, actuando según las exigencias de la justicia y el respeto de los derechos humanos, para que así se consolide definitivamente la paz.

La emotiva ceremonia duró casi tres horas. El pontífice retornó a la Nunciatura. El programa original establecía que tenía que hacerlo en un vehículo cerrado. Él se negó y ordenó que el trayecto se hiciera una vez más en el "papamóvil" descubierto. Parecía que la energía que le transmitía esa valla humana lo nutría y le quitaba el cansancio, era como sol para sus mejillas chapeadas.

Tras una comida privada el papa Wojtyla salió a las seis y cinco hacia la Residencia Oficial de Los Pinos, a la que llegó treinta y dos minutos después por la puerta uno. Unas tres mil personas que, desde varias horas antes ocupaban Constituyentes y Parque Lira, lo saludaron a su llegada.

Adentro de la casa presidencial se organizó una especie de "callejoneada". Dos mil invitados distribuidos en los andadores y jardines entonaron cantos religiosos y estallaron en gritos y porras en cuanto lo vieron, aunque fuera a distancia. La estudiantina de la Universidad La Salle le cantó "Amigo", "Cielito lindo", "Dios nunca muere" y "México te quiere y te canta".

Zedillo y el Papa entraron al despacho presidencial y tuvieron un encuentro que se prolongó por cuarenta y tres minutos. El vocero de la Presidencia, Fernando Lerdo de Tejada, rechazó que dialogaran sobre el conflicto chiapaneco y dio detalles de los regalos que se intercambiaron: un árbol de la vida para el pontífice y un cuadro de San Jerónimo para la Primera Dama. Comentó también que el Santo Padre abogó por afrontar siempre "con gran respeto y justicia" y con el uso incansable de "los recursos del diálogo y la concertación", aquellas situaciones sociales y humanas "muy diversas" que coexisten en México.

Los discursos continuaron así como el saludo de mano de los ciento sesenta representantes del cuerpo diplomático acreditado en el país. Ante ellos la alerta sobre el peligro de que la creciente interrelación de los sistemas financieros y económicos limite gravemente la libertad personal y comunitaria propia de toda vida democrática.

Añadió que el progreso actual, sin parangón en el pasado, debía permitir a todos los seres humanos asegurar su dignidad y ofrecerles mayor conciencia de la grandeza de su propio destino. "Ese mismo progreso expone al hombre al peligro de convertirse en un número o en puro factor económico, y de ese modo podría perder progresivamente la conciencia de su valor trascendente". Juan Pablo II culminó su mensaje a embajadores y cónsules:

[...] no matar, no robar ni codiciar los bienes aje-
nos, respetar la dignidad fundamental de la persona humana en sus dimensiones física y moral, son
principios intangibles sancionados en el decálogo
común a hebreos, cristianos y musulmanes... Se
trata de principios que obligan tanto a cada persona humana como a las diversas sociedades.

Que nadie vulnere el don de la vida

A las víctimas del sistema económico neoliberal. A ellos correspondió la siguiente cita con Karol Wojtyla. Desde las seis
de la mañana del sábado comenzaron a formarse filas interminables de desempleados y pobres de todas las edades.
Eran quienes habían visto cancelado su futuro por un modelo económico que dejó la riqueza del país en manos de unos
cuantos a costa de millones.

Miles de fieles esperaron a que se abrieran las quince puertas de entrada al Autódromo Hermanos Rodríguez, el predio
de cinco hectáreas de la más grande y antigua ciudad de-
portiva de la capital. Cuando eso ocurrió, enormes nubes de
polvo se levantaron e hicieron casi imposible la visibilidad.

Se esperaba que acudieran setecientas mil personas, pero
el cálculo resultó demasiado conservador. De acuerdo con
cifras de los organizadores, del EMP, la Cruz Roja Mexicana
y de voluntarios, la cifra fue más allá un millón doscientos
mil fieles que llegaron por "metro" o en los más de cuatro
mil quinientos autobuses del servicio público federal, que
estacionados en Magdalena Mixhuca aguardaron también
el término del mensaje.

En la Santa Misa, que concelebró con el secretario de Estado del Vaticano, Angelo Sodano, el cardenal Norberto Rivera, el nuncio apostólico, Justo Mullor y el presidente del Episcopado Mexicano, Luis Morales Reyes, Su Santidad encomendó a Nuestra Señora de Guadalupe a los jóvenes mexicanos. Sentenció mientras recibía como respuesta una ovación:

> Bajo su cuidado maternal pongo a los jóvenes de esta Patria, así como la vida e inocencia de los niños, especialmente los que corren el peligro de no nacer. Confío a su amorosa protección la causa de la vida: ¡que ningún mexicano se atreva a vulnerar el don precioso y sagrado de la vida en el vientre materno!

Durante la celebración religiosa de casi tres horas los asistentes corearon las ya tradicionales porras e hicieron "la ola" (esa maravillosa invención que se hizo famosa durante el Mundial de futbol México 86 y se forma con las manos al aire cuando van parándose de sus asientos los presentes y gritando ¡Oooh!). Habló a los jóvenes y les pidió no tener miedo para seguir a Cristo en el sacerdocio:

> Ciertamente Cristo llama a algunos de ustedes a seguirlo y entregarse totalmente a la causa del Evangelio. ¡No tengan miedo de recibir esta invitación del Señor! ¡No permitan que las redes les impidan seguir el camino de Jesús! Sean generosos, no dejen de responder al Maestro que llama. Síganle para ser, como los Apóstoles, pescadores de hombres.

El llamado fue también para los padres y madres de familia a quienes les pidió ser los primeros en alimentar la semilla de la vocación en sus hijos.

> Queridos padres: formen a sus hijos según los principios del Evangelio para que puedan ser los evangelizadores del tercer milenio. La Iglesia necesita más evangelizadores. América entera, de la que ustedes forman parte, y especialmente esta querida Nación, tienen una gran responsabilidad de cara al futuro.

Concluyó su mensaje con una frase que caló en la conciencia de los asistentes:

> La fe en Cristo es parte integrante de la nación mexicana, estando como grabada de manera indeleble en su historia. ¡No dejen apagar esta luz de la fe! México sigue necesitándola para poder construir una sociedad más justa y fraterna, solidaria con los que nada tienen y que esperan un futuro mejor.

El dolor como una experiencia salvadora

Como ningún otro día, el domingo 24 de enero la concentración de fieles en la zona de la Nunciatura Apostólica rebasó cualquier expectativa. Insurgentes Sur estaba convertido en un enorme estacionamiento. Los vehículos eran utilizados como plataformas de observación a distancia con la esperanza de ver por cinco, diez o veinte segundos al Papa en su traslado al hospital Adolfo López Mateos.

Incluso la patrulla apostada en el cruce de Insurgentes y la calle de SS Juan Pablo II fue utilizada para esos fines, hasta que el número de creyentes la abolló del toldo. El oficial responsable les pidió bajar de la unidad. Encendió el motor y llovieron los gritos que lo calificaron de "intolerante", "abusivo" e "imprudente". —¡Para eso pagamos impuestos! —Le gritó una mujer, así que el agente no tuvo de otra que ceder y permitir que su patrulla sirviera de grada.

La disputa por un lugar despertó el ingenio mexicano. Hubo niños, adolescentes, jóvenes, mujeres y hombres trepados en los árboles, colgados en las cornisas de las ventanas, subidos en puestos de periódicos y en el mejor de los casos, en los hombros de algún familiar o amigo.

También hubo una gran cantidad de regalos y de correspondencia. Filas enormes se formaron para entregarlos a los miembros del EMP. Pinturas, reproducciones de imágenes religiosas, cruces, ángeles, arcángeles, vírgenes, santos y cientos de cartas que fueron recibidos en la calle de Manuel M. Ponce con la promesa de que "se le harían llegar a Su Santidad".

El convoy, en esa ocasión, después de tomar avenida Insurgentes, avanzó a mayor velocidad que en otras ocasiones y por supuesto mucho más rápido que lo que los mexicanos, que habían esperado durante horas, habrían querido. Surgió una nueva porra entre las risas de los que hacían valla y que se fue trasmitiendo de manera viral. Ahora gritaban, "Juan Pablo, Segundo, te vimos un segundo".

Mientras el obispo de Roma recorría el cuarto piso del hospital López Mateos del ISSSTE y reconfortaba a pacientes terminales, que en su mayoría padecían cáncer o SIDA, el obispo auxiliar de Monterrey y presidente de la Comisión Episcopal Pastoral para la Salud, José Lizares Estrada, dio lectura al mensaje papal dedicado a todos los enfermos de México.

> Me siento muy cercano a cada uno de los que su-
> fren, así como a los médicos y demás profesiona-
> les sanitarios que prestan su abnegado servicio a
> los enfermos. Quisiera que mi voz traspasara estos
> muros para llevar a todos los enfermos y agentes
> sanitarios la voz de Cristo, y ofrecer así una palabra
> de consuelo en la enfermedad y de estímulo en la
> misión de la asistencia, recordando muy especial-
> mente el valor que tiene el dolor en el marco de la
> obra redentora de El Salvador.

En voz de monseñor Lizares Estrada, el Papa peregrino hizo una disertación que nos permite entender el estoicismo que lo acompañó durante toda su vida, cuando se pregunta a sí mismo si tiene un significado que las personas sufran y si puede ser positiva la experiencia del dolor físico o moral.

> Para los cristianos éstas no son interrogantes sin
> respuesta. El dolor es un misterio, muchas veces
> inescrutable para la razón... El hombre percibe su
> respuesta salvífica a medida que él mismo se con-
> vierte en partícipe de los sufrimientos de Cristo...
> Por eso, ante el enigma del dolor, los cristianos po-
> demos decir un decidido "hágase, Señor, tu volun-
> tad" y repetir con Jesús: "Padre mío, si es posible,

que pase de mí este cáliz; sin embargo, no se haga como yo quiero sino como quieres Tú."

Agregaba que el dolor y la enfermedad adquieren una dimensión profunda e incluso esperanzada:

Nunca se está solo frente al misterio del sufrimiento: se está con Cristo, que da sentido a toda la vida: a los momentos de alegría y paz, igual que a los momentos de aflicción y pena. Con Cristo todo tiene sentido, incluso el sufrimiento y la muerte; sin Él, nada se explica plenamente, ni siquiera los legítimos placeres que Dios ha unido a los diversos momentos de la vida humana.

La conversión de Saulo

Las actividades aquel lunes 25 de enero, el penúltimo día de la estancia de Juan Pablo II en suelo mexicano, iniciaron muy temprano como cada uno de los días que estuvo en nuestro país. Aquella mañana, a las ocho y cuarto ya habían llegado los cuatrocientos cincuenta invitados especiales a la misa privada que se celebraría en la sede de la Nunciatura Apostólica.

Se trataba de políticos y empresarios mexicanos que habían sido convocados de manera "estrictamente personal" por el nuncio Justo Mullor durante los últimos días. Se encontraban entre ellos los secretarios Esteban Moctezuma y Luis Téllez; el procurador de la República, Jorge Madrazo; el gobernador de Veracruz, Miguel Alemán; el líder nacional del PAN, Felipe Calderón y los empresarios Lorenzo Servitje, Eduardo Bours, Ricardo Salinas Pliego y Emilio Azcárraga Jean.

Al principio de la misa Su Santidad hizo una breve alocución. Habló de la conversión de Saulo, el judío que en el año 37 de nuestra era perseguía a católicos y los llevaba al Circo Romano para que fueran devorados por los leones.

El relato continuaba: un día, Saulo iba a Damasco en caballo cuando escuchó una voz. —Saulo, Saulo, ¿por qué me persigues? —¿Quién eres?— Preguntó el judío. —Soy Jesús, al que persigues. Entonces cayó al suelo y tras arrepentirse, se convirtió.

Y ese fue el llamado que el Santo Padre hizo a políticos y empresarios. Les dijo que era tiempo de la conversión, de la solidaridad con los que menos tienen y de arrepentirse de sus pecados. Al final les pidió orar por el cardenal Juan Jesús Posadas Ocampo, quien lo acompañó en su anterior visita en 1990 y había sido asesinado tres años después.

A las diez de la mañana los invitados dejaron el lugar. "Fue un mensaje muy bonito de fraternidad y de amistad entre los mexicanos", platicaba el secretario de Energía, Luis Téllez. Pero de la conversión no hay rastro en los registros de aquel entonces.

¡Ya eres mexicano!

Carritos de paletas, escaleras metálicas, árboles o el toldo de un camión repartidor de agua purificada. Cualquier medio era válido para verlo aunque sea por unos cinco segundos. Las autoridades calcularon que fueron dos millones de creyentes los que se apostaron en el recorrido que hizo el Papa peregrino desde la Nunciatura al Estadio Azteca.

"Vi una luz muy linda que me llegó directo, como un rayo" describió una mujer mientras se esforzaba por bajar del camión de Luz y Fuerza del Centro con la ayuda de los obreros. "Sentí como si estuviera en la gloria. El Papa transmite humildad y amor por todos sus semejantes. Es una experiencia indescriptible" nos platicó una señora que subió al camión repartidor de agua.

Una monja explicó que "todos los que están aquí vienen a buscar alivio para su alma. El alma necesita paz, necesita amor y ver al Papa es ver a un ángel que transmite justamente esos sentimientos".

En su camino al majestuoso Estadio Azteca volvió a ser testigo de muestras indescriptibles de fe, pero nada se podrá comparar con el ensordecedor tronido de cohetes y con el griterío de los seguidores que lo observaron llegar a las cinco de la tarde y veintitrés minutos y eso que lo hacían a través de pantallas gigantes.

Inaugurado en 1966, el Estadio Azteca, es el tercero más grande del mundo, diseñado por el reconocido arquitecto Pedro Ramírez Vázquez, ha sido escenario de conciertos (Elton John, Michael Jackson, U2 o Lenny Kravitz); de mítines políticos y por supuesto, de encuentros futbolísticos de antología. Todos esos eventos palidecieron ante lo que se vivió ese día.

Ciento veinte mil almas hicieron que el estadio vibrara cantara y rezara. Primero se desarrolló el desfile de las delegaciones del continente americano que el Sumo Pontífice observó desde una plataforma colocada al centro del campo. Había cuatro templetes laterales donde ochocientos estudiantes de universidades privadas escenificaron lo que se pudo observar en cuatro mega pantallas. Recrearon el proceso de evangelización y las pirámides precolombinas fueron sustituidas por templos católicos.

La escena que más aplausos arrancó fue la recreación del milagro del Tepeyac. La imagen de la Virgen de Guadalupe surgió mientras cuatro jóvenes actuaron el papel del Beato Juan Diego.

En otra representación un anciano explicó a un niño que el mundo era víctima de las guerras, el terrorismo, los desastres naturales y la pobreza. El video mostró escenas reales mientras el pequeño se decía confiado en que el nuevo siglo iba a ser mejor.

Todos los ahí reunidos coreaban junto a las voces de mil niños y jóvenes que cantaban los himnos de las visitas pastorales: "Amigo", "Pescador", "Tu libertad" y "Cielito lindo", eso era un espectáculo lleno de luz y paz.

La ceremonia se transmitió en directo, vía satélite, a ochocientos millones de televidentes de Perú, Brasil, Estados Unidos, Argentina y Venezuela. El momento cumbre llegó cuando el obispo de Roma reaccionó ante el coro de miles de gargantas que al unísono le lanzaron el tradicional, "Juan Pablo, hermano, ya eres mexicano". Y la respuesta fue, "hace un año me sentí un Papa carioca, hoy puedo sentirme mexicano".

El inmueble se cimbró. En las gradas, ciento catorce mil personas hicieron la "ola", aplaudieron de pie, lanzaron porras, gritaron de euforia. Se les sumaron los seis mil invitados instalados en plateas colocadas sobre el césped. Estas muestras de afecto interrumpieron la lectura de dos mensajes preparados con motivo del encuentro con los representantes de todas las generaciones del siglo.

En la primera parte, "Fin de siglo y de milenio a la luz del Concilio Vaticano II", habló sobre los 100 años que han sido trascendentales para la historia de la Iglesia y de la humanidad y del reto por venir.

En esta hora significativa, ustedes están llamados a tomar renovada conciencia de ser los depositarios de una rica tradición humana y religiosa. Es tarea suya transmitir a las nuevas generaciones ese patrimonio de valores para alimentar su vitalidad y su esperanza, haciéndoles partícipes de la fe cristiana, que ha forjado su pasado y ha de caracterizar su futuro.

Detalló que la nueva época debía consolidar la fe de América en Jesucristo y que esa fe animaría e inspiraría las pautas:

[...] para superar las deficiencias en el progreso social de las comunidades, especialmente de las campesinas e indígenas; para sobreponerse a la corrupción que empaña tantas instituciones y ciudadanos; para desterrar el narcotráfico, basado en la carencia de valores, en el ansia de dinero fácil y en la inexperiencia juvenil; para poner fin a la violencia que enfrenta de manera sangrienta a hermanos y clases sociales. Sólo la fe en Cristo da origen a una cultura opuesta al egoísmo y a la muerte.

Los aplausos y ovaciones lo interrumpieron con frecuencia y apenas si logró continuar con la lectura en la que habló del papel que debía jugar América, a la que se refirió como la "tierra de Cristo y de María". "Debes comprometerte para que la verdad prevalezca sobre tantas formas de mentira; para que el bien se sobreponga al mal, la justicia a la injusticia, la honestidad a la corrupción".

En la segunda parte de su mensaje titulada "El Siglo XXI, siglo de la nueva evangelización y del gran reto de los jóvenes cristianos", lanzó un exhorto para que en el nuevo milenio prevaleciera la unidad y no las divisiones, la fraternidad y no los antagonismos, la paz y no las guerras.

A los jóvenes les pidió desconfiar de los falsos profetas que proponen metas "más confortables tal vez, pero siempre engañosas". Les dijo que en la era de la informática y de los poderosos medios de comunicación, que globalizan las relaciones económicas y sociales, tienen "el reto de abrir la mente y el corazón de la humanidad a la novedad de Cristo y a la gratuidad de Dios. Sólo de este modo se alejará el riesgo de un mundo y una historia sin alma, engreída de sus conquistas técnicas pero carente de esperanza y de sentido profundo". Agregó que les correspondía garantizar que las instituciones políticas, científicas, financieras o culturales "se pongan al servicio auténtico del hombre, sin distinción de razas ni clases sociales".

La alegría no tuvo límites. Muchos saltaron, los que estaban sentados zapatearon. El estruendo fue ensordecedor. "América siempre fiel. América, continente de la esperanza", concluía el Papa mientras una lluvia de fuegos artificiales iluminó el cielo y las luces de linternas aclararon la oscuridad. "El Papa mexicano no se quiere ir. Y el pueblo no quiere que se vaya".

El regalo del Anillo del Pescador

María de los Ángeles González recuerda ese lunes 25 de enero de 1999 de manera muy especial. Con su esposo José Alberto Fierro, en calidad de presidentes de la Unión de Asociaciones de Padres de Familia de Chihuahua, fueron seleccionados junto con sus hijos Alberto y Carlos, para acompañar al Papa Juan Pablo II en ese histórico encuentro en el llamado "Coloso de Santa Úrsula".

Ante más de ciento veinte mil asistentes, la familia Fierro recibió de manos del Santo Padre cuatro velas, con un significado e instrucciones precisas: para el padre de familia, el compromiso con los hombres; para ella, el de las mujeres; al hijo mayor, Alberto, se le encomendó el de los jóvenes y a Carlos, el de los niños. Esas velas eran el símbolo de la renovación del fuego que representan los valores y principios.

Hoy después de varios años de distancia recuerda que ese día:

> Lloraba desconsolada de alegría por tener el privilegio de ver y tocar al Papa, desde entonces para mí, ya era un santo. Su rostro era indescriptible. Todo él emanaba amor y humildad. En cuanto estuve a su lado lloré, más por la emoción de sentir la presencia de Dios en él. Al verme me limpió el rostro y luego me entregó la vela. Yo sentí y asumí el compromiso de atender y dedicarme a las mujeres.

La imagen que guarda de Karol Wojtyla es la de "un ser cariñoso, bonachón y de mejillas rosadas que nos trajo la humildad como uno de sus mayores legados", añade que eso lo comprobó cuando lo acompañaron a Brasil en el Encuentro Mundial de las familias. "Al salir nos dirigimos a otro de los eventos masivos y en el trayecto pasamos por una favela donde le pidieron que se detuviera la caravana. Bajó del auto y se acercó a la gente y al ver la pobreza se quitó el Anillo Papal. Se hincó y llorando les dijo, "aquí está para que todas éstas familias coman".

La psicóloga industrial, empresaria y directora de asociaciones de padres de familia no sabía en ese 1999 que iba a enfrentar una de las más grandes pruebas cuando su hijo, Alberto Fierro, a la edad de 30 años, perdió la vida en 2012.

> Él se dedicó a los jóvenes y poco antes de morir, ya enfermo me dijo: "mamá, si Dios me permite voy a hacer los congresos para que los jóvenes lo conozcan". Mi hijo quería cumplir lo que el Papa le pidió cuando le entregó la vela.

María de los Ángeles relata que ha podido superar esa pérdida al entender que "al hijo lo llevas en las entrañas. Alberto, como hijo, era completo y le doy gracias a Dios porque me lo dio completo en todas las áreas. No me faltó nada y él me atendía. Dios me lo prestó 30 años y ese tiempo él nos cuidó a todos".

Acompañándola, José Alberto, su esposo, cuenta que Juan Pablo II fue un enviado de Dios y que haber estado en contacto con él les ha permitido superar todas las pruebas. "La alegría, el amor y la humildad del Papa nos sirve para entender la misión de los hombres y mujeres en esta tierra".

Un nuevo "hasta pronto"

Cabizbajos y con los ojos húmedos los mexicanos, los siempre fieles, se preparaban para despedirlo. A las ocho de la mañana y treinta y ocho minutos, el "papabús" salió de la Nunciatura y avanzó por Insurgentes a una velocidad promedio de 35 kilómetros por hora. El vehículo blindado color blanco y de nueve toneladas de peso se abrió paso por Popocatépetl y tomó el Eje Central. Como siempre y ya conociendo el ingenio mexicano se escucharon nuevas porras, "¡Juan Pablo, peregrino, que tengas buen camino!", "¡Juan Pablo, regresa, que México te espera!".

El "papabús" se estacionó en diagonal en la pista aérea. El vicario de Cristo descendió, no sin antes bendecir al conductor. El presidente Ernesto Zedillo estiró su brazo y tomó al Papa del codo para ayudarlo a caminar.

Fueron testigos de la escena los obispos de la Conferencia del Episcopado quienes convivieron con los titulares de las secretarías de Estado como Francisco Labastida, Rosario Green o Juan Ramón de la Fuente. También estaban los colaboradores del primer mandatario en Los Pinos: el vocero Fernando Lerdo de Tejada y el secretario particular, Liébano Sáenz.

Todo transcurrió según el protocolo, hasta que dos jóvenes lo rompieron. Rocío Durán y Rodrigo Brown saltaron del palco de invitados especiales, burlaron el cerco de seguridad del Estado Mayor Presidencial y se abalanzaron sobre el pontífice. Se arrodillaron ante él, le besaron la mano y lo abrazaron. Uno más, Gerardo Gatica, intentó la misma aventura, pero no lo logró, lo alcanzaron a detener cuando iba del palco al suelo.

Los tres muchachos fueron llevados a las oficinas de la Fuerza Aérea donde los sometieron a un amplio interrogatorio. Durante una hora les pidieron sus nombres completos, domicilios, escuelas donde estudiaban y datos de familiares. Al final fueron liberados pero les prohibieron hacer declaraciones a la prensa.

Con voz pausada, en un intento de prolongar la inevitable despedida, el Papa dijo que las densas y emotivas jornadas en tierras mexicanas le dejaron una profunda huella. "¡Dios te bendiga, México! Por los ejemplos de humanidad y de fe de tu gente, por los esfuerzos en defender la familia y la vida... por la fidelidad y amor de tus hijos a la Iglesia".

Repitió en seis ocasiones la frase, "¡Dios te bendiga, México!" y lanzó entonces un mensaje político. Hizo referencia a los esfuerzos por desterrar para siempre las luchas que han dividido a la sociedad "mediante un diálogo fecundo y constructivo. Un diálogo en el que nadie quede excluido. Sólo el diálogo fraterno entre todos dará vigor a los proyectos de futuras reformas, auspiciadas por los ciudadanos de buena voluntad, pertenecientes a todos los credos religiosos y a los diversos sectores políticos y culturales".

También se refirió a la libertad religiosa que ahora existía. "Esta libertad, garantía de estabilidad, da pleno sentido a las demás libertades y derechos fundamentales" y añadía que en su peregrinar por tierras aztecas comprobó:

[...] el nuevo clima en las relaciones respetuosas, sólidas y constructivas entre el Estado y la Iglesia, superando otros tiempos, que, con sus luces y sombras, son ya historia. Este nuevo clima favorecerá cada vez más la colaboración en favor del pueblo mexicano.

Por último aseguró que tenía plena confianza en el porvenir del pueblo mexicano:

> Un futuro en el que México, cada vez más evangelizado y más cristiano, sea un país de referencia en América y en el mundo; un país donde la democracia, cada día más arraigada y firme, más trasparente y efectiva, junto con la gozosa y pacífica convivencia entre sus gentes, sea siempre una realidad bajo la tierna mirada de su Reina y Madre, la Virgen de Guadalupe.

A nombre de los mexicanos el primer mandatario agradeció esta cuarta visita y agregó que, con sus palabras, "... nos ha recordado que la responsabilidad de todo gobernante y todo representante es servir a los ciudadanos, hablando siempre con la verdad, actuando con honestidad, trabajando con incansable dedicación".

Y concluyó, "México quiere al Papa porque sabe cómo quiere el Papa a México. Su México amigo le llevará a usted siempre en el corazón. Este México amigo, siempre recordará con cariño y gratitud al Papa Juan Pablo II. ¡Hasta muy pronto!".

Comenzó entonces un murmullo que luego se transformó en grito abierto, "¡Qué se quede, qué se quede, qué se quede!". El mariachi de la Secretaría de Marina entonó "Las Golondrinas" y las lágrimas bañaron el rostro de los ahí reunidos, de quienes permanecieron en las calles y de quienes siguieron la transmisión por radio y televisión.

A las nueve de la mañana con treinta minutos el Boeing 757 de Mexicana de Aviación piloteado por los capitanes Francisco Ballina y Francisco Enrique Morales, surcaron los cielos mexicanos rumbo a Estados Unidos. En San Luis Missouri lo esperaba el presidente William Clinton.

Pero él ya lo había dicho. "Se quedaba en México porque ya era uno más. Ya era el Papa mexicano".

El quinto y último viaje, 2002

Un México diferente... pero siempre fiel

La quinta, como si fuera la primera. Miles de fieles volvieron a formar una impresionante valla humana —como no las vio, prácticamente en ningún otro país— para seguir sus recorridos y verlo por lo menos un instante; eventos multitudinarios acompañados por las mismas canciones y porras; banderas con los colores vaticanos agitadas sin cesar; muestras inagotables de fe en espera de un milagro; lágrimas y júbilo entremezclados.

Pero el México de 2002 no era para nada el mismo de 1979. Los 23 años que mediaban entre ambos encuentros habían modificado radicalmente al país. En ese lapso, la población pasó de sesenta y seis millones de mexicanos a ciento dos millones; de 1970 al año 2000, el número de católicos se redujo de 97.2 por ciento al 87.7 por ciento de la población. En 1979, sólo 37.8 por ciento de las mujeres en edad de procrear usaban algún método anticonceptivo; para el año 2000 ese porcentaje había aumentado al 70.8 por ciento.

En lo político, la oposición le arrebató al PRI la Presidencia de la República luego de 71 años, había un presidente del cambio, Vicente Fox Quesada. Las fuerzas políticas en el Congreso estaban equilibradas con doscientos ocho diputados federales del PRI frente a doscientos siete del PAN y cincuenta y tres del PRD. Los priistas eran gobierno en diecisiete estados, Acción Nacional en nueve y el PRD en cuatro, además del Distrito Federal.

Karol Wojtyla se encontraría un México con transformaciones radicales, pero que preservaba esa característica con la que lo describió 23 años atrás: México seguía siendo fiel.

El beso del anillo papal

Aquel martes 30 de julio de 2002 el hangar presidencial se habilitó como un gran auditorio con decoración de lujo. Como en otras ocasiones, predominaban los colores amarillo y blanco propios de la Santa Sede. Ciento ocho sillas divididas en seis secciones, además de unas gradas para los dos mil seiscientos invitados especiales: los miembros de gabinete con sus familias, representantes de los poderes Legislativo y Judicial, algunos gobernadores, empresarios y diplomáticos.

Los secretarios de Estado fueron relegados a la segunda fila; la primera estuvo reservada para los hijos del presidente (Ana Cristina, Paulina, Rodrigo y Vicente) así como para los de Marta Sahagún. Los jerarcas católicos se quejaron de que los políticos se "habían agandallado" los mejores lugares.

Era curioso ver convivir a personalidades tan heterogéneas. Ahí estaban Lino Korrodi, acusado por el PRI de recabar fondos en el extranjero para la campaña foxista (al final resultó cierto) y Carlos Rojas Magnon, el ex funcionario de Los Pinos a quien el escándalo del "toallagate" le costó el cargo. A pocos metros se observaba a Luis Felipe Bravo Mena, dirigente nacional del PAN y al secretario general, Manuel Espino. No había representantes del Comité Ejecutivo Nacional del PRI debido a que, de última hora, declinaron la invitación y por parte del PRD sólo estuvo el segundo en importancia, Carlos Navarrete.

También compartieron las primeras filas Andrés Manuel López Obrador, jefe del gobierno capitalino y el gobernador de Michoacán, Lázaro Cárdenas (hijo de Cuauhtémoc y nieto del general Cárdenas). Por los priistas: Arturo Montiel, Fernando Moreno Peña, Melquiades Morales, Patricio Martínez, Manuel Ángel Núñez Soto y Enrique Martínez y Martínez. Entre los panistas se encontraban Patricio Patrón, Fernando Canales Clariond e Ignacio Loyola.

Entrada la noche, luego de un rato de espera que sirvió para intercambiar los cotilleos políticos y sociales, a las siete y treinta y tres minutos, procedente de Guatemala, aterrizó la aeronave que fue bautizada como "Mensajero de la paz".

La escotilla se abrió y de ella no apareció el hombre rubio y chapeado de 1979; en su lugar estaba un hombre cansado de 82 años, agobiado por diversas enfermedades, pero que parecía recargarse de energía con las primeras muestras de afecto. Ayudado de un bastón bajó del avión en un montacargas de cristal adaptado como elevador.

Una plataforma móvil lo llevó hasta el templete donde lo esperaban Fox Quesada y su esposa. Lejos habían quedado los tiempos de la hipocresía y la simulación. Los Fox se entregaron a su devoción católica al besar el anillo papal, mientras cañones disparaban papel picado blanco y amarillo; los presentes agitaron pañuelos, de los mismos colores, que les fueron entregados previamente.

Tras la entonación de los himnos nacionales de ambos Estados, vinieron los discursos. Durante diez minutos el guanajuatense le dio la bienvenida francamente emocionado:

> Hoy llega usted a un país democrático, plural, orgulloso de su amplia diversidad étnica y cultural, caracterizado por una gran riqueza espiritual, la cual se expresa libre y ampliamente en diferentes credos religiosos.
> En nuestra democracia se han ampliado todas las libertades y ahora se ejercen a plenitud; se garantiza el respeto a los derechos que otorga la ley y sobre todo, se asegura la defensa de los derechos humanos. Asimismo, impulsamos la construcción de un país incluyente, comprometido con un crecimiento con rostro humano.

Aceptaba que México tenía muchos retos, el principal: la superación de la pobreza, pero aseguró que se trabajaba para construir una sociedad más incluyente y equitativa. No desaprovechó la oportunidad para halagarlo, "sin duda, el mundo que hoy vivimos no sería el mismo de no haber contado con el liderazgo espiritual y moral, con la gran labor ecuménica y con el ejemplo constructivo de Juan Pablo II".

Y concluyó diciéndole:

Hoy, lo recibe con alegría una nación que inició su Independencia al amparo de la imagen de la Virgen de Guadalupe, plasmada en el estandarte del Padre de la Patria; un país que, en su diversidad actual, ha sabido hacer del respeto hacia los demás y de la búsqueda del diálogo y el consenso, la base de su fortaleza".

Tras desearle que disfrutara su estancia, lo llamó "nuestro hermano del alma, realmente el amigo".

La respuesta del Papa fue contrastantemente breve, pero emotiva:

Es inmensa mi alegría al poder venir por quinta vez a esta hospitalaria tierra en la que inicié mi apostolado itinerante que, como sucesor del apóstol Pedro, me ha llevado a tantas partes del mundo, acercándome así a muchos hombres y mujeres para confirmarles en la fe en Jesucristo.

Lanzó un exhorto:

¡Sed santos!... Servid a Dios, a la Iglesia y a la Nación, asumiendo cada cual la responsabilidad de trasmitir el mensaje evangélico y de dar testimonio de una fe viva y operante en la sociedad... Que Dios os haga como Juan Diego. ¡México siempre fiel!

Y entonces sí, la alegría se desbordó. Una familia le regaló un cuadro de la Virgen de Guadalupe, mientras que unos niños le obsequiaron dos ahuehuetes: uno para que fuera plantado en la Basílica de Guadalupe y otro en su casa, el Vaticano.

Mientras el pontífice se preparaba para su primer traslado a la Nunciatura Apostólica, el obispo Javier Lozano Barragán, presidente del Consejo Pontificio para la Salud, calificaba de "milagroso" ver a Su Santidad tan revitalizado, "su servidor lo ve casi cada ocho días allá en Roma y de repente ni siquiera le entiendo porque como que arrastra la voz, pero llegar a México es como una inyección de alegría, de optimismo y hasta de salud. Llega aquí y se reanima".

A lo largo de 19 kilómetros, unas doscientas setenta mil personas lo aclamaron. En esta ocasión algunos habían hecho guardia de hasta veinte horas para presenciar el paso del "papamóvil", aunque fuera por escasos cinco segundos; a su paso una estela de llantos, gritos y abrazos mientras los comerciantes hacían su agosto con rosarios, velas aromáticas, figuras de madera, posters, discos, camisetas, globos y banderas vaticanas. Unas cinco mil personas lo esperaban ya en la sede apostólica y lo recibieron con "El Son de la negra" y "Las mañanitas".Las primeras horas fueron indescriptibles. Sólo un hecho trágico las empañó. Los reporteros gráficos de "La Prensa", Alejandro Sánchez Hurtado y Jaime Yeras, sufrieron un accidente de tránsito en Viaducto y el Eje Central. La motocicleta en la que viajaban impactó con un camión distribuidor de gas, justo cuando se dirigían a las instalaciones del diario para entregar las imágenes del recorrido papal.

El primero perdió la vida. Yeras, gravemente herido, fue trasladado al hospital Magdalena de las Salinas. La procuraduría capitalina confirmó que viajaban a exceso de velocidad (¡Quien en noticias, no lo hace en una cobertura así!).

Juan Diego a los altares

El motivo de esta quinta visita era la canonización de Juan Diego a quién el mismo había hecho beato. El miércoles 31 de julio por la mañana, el "papamóvil" salió de la Nunciatura a las ocho y cuarenta y cinco minutos. Se calculaba que tardaría una hora en llegar hasta la Basílica de Guadalupe y es que antes iba a realizar una escala en el Zócalo. Alentado por los vítores callejeros, el Santo Padre acudió a una cita pendiente para apoyar las legítimas aspiraciones de los pueblos indígenas a través de la figura de Juan Diego.

Juan Pablo II recorrió en vehículo el atrio de la Basílica cubierto por un tapete de aserrín elaborado por artesanos de Huamantla. El "papamóvil" avanzó lentamente mientras el Papa soltaba sus manos de la barandilla metálica para lanzar bendiciones. Dio una vuelta completa acompañado de cantos, gritos y el sonido que producen sonajas y maracas.

Entró al santuario mariano en andadera y fue objeto de una ovación de los fieles que llenaron cada uno de los espacios entre sus pasos. El largo y profundo sonido del caracol anunció al nuevo santo. Los concheros saludaron la canonización con sus danzas, con cascabeles atados a sus tobillos, con la música producida en conchas de armadillo y con el sonido que producen los "codos de fraile" que atan a sus tobillos. Copal e incienso invadieron la atmósfera.

Prácticamente doblado en dos, el Papa mexicano ofició la misa de canonización del primer santo indígena del continente americano: Juan Diego Cuauhtlatoatzin, "el indio sencillo y humilde que contempló el rostro dulce y sereno de la Virgen del Tepeyac".

Recordó "el acontecimiento guadalupano" y cómo la Virgen María se manifestó a Juan Diego como la madre del verdadero Dios, regalándole unas preciosas rosas de Castilla que al mostrarlas al Obispo, permitieron descubrir, grabada en su tilma de ayate, "la bendita imagen de Nuestra Señora", hecho que marcó el comienzo de la evangelización.

> Esta noble tarea de edificar un México mejor, más justo y solidario, requiere la colaboración de todos. En particular es necesario apoyar hoy a los indígenas en sus legítimas aspiraciones, respetando y defendiendo los auténticos valores de cada grupo étnico. ¡México necesita a sus indígenas y los indígenas necesitan a México!

Fueron palabras que generaron aplausos y que despertaron conciencias, "que todos, gobernantes y súbditos, actúen siempre según las exigencias de la justicia y el respeto de la dignidad de cada hombre, para que así se consolide la paz".

Ante veinticuatro mil asistentes a la ceremonia, a las diez de la mañana y cincuenta y siete minutos, el obispo de Roma aprobó la solicitud presentada por el cardenal Eduardo Saraiva, prefecto de la Pontificia Congregación para la Causa de los Santos, a fin de incorporarlo en el catálogo de los santos de la Iglesia católica donde hasta ese momento, de

mexicanos, sólo estaban Felipe de Jesús y los veintisiete mártires cristeros. Ninguno indígena de raza pura.

Dijo el pontífice mientras una lluvia de pétalos de papel
inundaba la Basílica:

> Después de haber reflexionado largamente, invo-
> cado muchas veces la ayuda divina y oído el pa-
> recer de numerosos hermanos en el Episcopado,
> declaramos y definimos santo al beato Juan Diego
> Cuauhtlatoatzin y lo inscribimos en el catálogo de
> los santos.

Una docena de danzantes bailaron sobre una rampa ta-
pizada de alfombra roja, luego de que una pareja de jóvenes arrojaran pétalos de rosas rojas, de las de Castilla, al
paso de la imagen oficial de San Juan Diego, colocada a un
costado del altar. Cuando esto ocurrió, cientos de caracoles
sonaron, a la usanza azteca, como anuncio gozoso por la
buena nueva.

Y como Juan Diego ya era santo sus hermanos indígenas
confiaron en que pronto les hiciera el milagro de la lluvia
para que sus tierras volvieran a ser productivas. "Juan Diego
sí nos va a ayudar porque somos como él" decía con una
enorme sonrisa Antonio Prieto, un rarámuri chihuahuense
que llegó al templo desde las dos de la madrugada para tener un buen lugar.

"Por medio de San Juan Diego, Dios nos va a escuchar y
nos va a ayudar a nuestras cosas. No tenemos fuerza para
defendernos de la tala de bosques y pedir que ya no los si-
gan explotando. El monte ya está muy acabado" comentó

otro rarámuri, Rubén Barraza, campesino que sobrevivía del maíz, frijol y chícharo de su parcela en Chinatú, en el municipio de Guadalupe y Calvo, en Chihuahua.

Las actividades de ese intenso día concluyeron con una audiencia privada en la que recibió al presidente Vicente Fox acompañado por su esposa Marta Sahagún en la Nunciatura Apostólica. Después de la insistencia del jefe del Ejecutivo Federal que llevó a prolongadas negociaciones y tironeos, el Papa abrió finalmente un espacio en su apretada agenda para recibirlos.

La reunión fue de apenas quince minutos y de acuerdo con versiones recabadas, Fox Quesada y Marta Sahagún sostuvieron una brevísima conversación con el pontífice. A la sede apostólica sólo tuvieron acceso los miembros del Estado Mayor Presidencial encargados de su seguridad. Ningún colaborador ni familiar del guanajuatense tuvieron acceso al edificio.

Un comunicado oficial de la Presidencia detalló que los jefes de Estado conversaron sobre distintos temas nacionales e internacionales, entre ellos la situación de los indígenas y de los migrantes, la pobreza, la marginación y el desarrollo de las microrregiones. Lo de siempre. De lo que realmente se habló, nada.

El texto concluía con que el mandatario mexicano entregó a Su Santidad un baúl de lináloe con hoja de oro y lacas naturales elaborado por Chico Coronel, acompañado de un libro de lacas mexicanas.

De corazón me quedo

A las nueve y cuarto de la mañana del jueves 1° de agosto de 2002, el Santo Padre se preparó para su penúltima actividad, de ese viaje y de las cinco visitas que realizó. Salió de la Nunciatura para ver por última ocasión a ese pueblo que se adueñó de las calles para acompañarlo en cada uno de sus traslados. Hizo una breve parada en lo que fuera el cine Lindavista, lugar elegido para edificar el santuario nacional de San Juan Diego y retomó su camino al templo del Tepeyac. Ahí beatificaría a los indígenas Juan Bautista y Jacinto de los Ángeles. Muchos desconocen su historia: Oriundos de San Francisco Cajonos, en la sierra Juárez de Oaxaca, fueron torturados y linchados por los propios pobladores el 16 de septiembre de 1700, luego de denunciar ante frailes dominicos que se realizaban ceremonias "idólatras" en una casa de la comunidad.

Juan Bautista y Jacinto de los Ángeles eran fiscales de la fe que tenían la encomienda de velar por el respeto de la doctrina cristiana entre los indígenas conversos al cristianismo. Luego de la denuncia, los dominicos intervinieron para impedir el acto pagano que consistía en el sacrificio de un venado.

Los restos martirizados de los fiscales aparecieron meses después en un cerro. Y ahora, colocados en una urna de cristal, le fueron presentados al Papa. Dedicó su homilía a los perseguidos por causa de la justicia, "dichosos porque de ellos es el Reino de los cielos".

Pidió a los feligreses no desalentarse ante las persecuciones que la Iglesia ha afrontado a lo largo de la historia y puso como ejemplo a Juan Bautista y a Jacinto de los Ángeles, quienes:

> [...] afrontaron el martirio manteniéndose fieles al culto del Dios vivo y verdadero y rechazando los ídolos. Mientras sufrían el tormento, al proponerles renunciar a la fe católica y salvarse, contestaron con valentía, "una vez que hemos profesado el Bautismo, seguiremos siempre la religión verdadera". Hermoso ejemplo de cómo no se debe anteponer nada, ni siquiera la propia vida, al compromiso bautismal, como hacían los primeros cristianos que, regenerados por el bautismo, abandonaban toda forma de idolatría.

Agregó que los nuevos beatos eran un ejemplo de cómo, sin eliminar las costumbres ancestrales, "se puede llegar a Dios sin renunciar a la propia cultura, pero dejándose iluminar por la luz de Cristo, que renueva el espíritu religioso de las mejores tradiciones de los pueblos".

También en su discurso hizo referencia a los "fiscales de la fe" que al cumplir ejemplarmente su encargo, ambos indígenas se convirtieron en modelo para quienes "en las pequeñas aldeas o en las grandes estructuras sociales, tienen el deber de favorecer el bien común con esmero y desinterés personal".

Y aunque la ceremonia de despedida se desarrollaría horas más tarde en la terminal aérea, la anticipó ante la Virgen de Guadalupe:

Gracias a los que con tanto cariño me habéis recibido en las calles de esta ciudad, a los que habéis venido desde lejos, a los que habéis escuchado y acogeréis el mensaje que os dejo, a los que rezáis tanto por mi ministerio de Sucesor de Pedro.
Al disponerme a dejar esta tierra bendita me sale de muy dentro lo que dice la canción popular en lengua española, "me voy, pero no me voy. Me voy, pero no me ausento, pues, aunque me voy, de corazón me quedo".

Se formó entonces un silencio incómodo que poco a poco se transformó en una ovación y luego en llanto.

El Papa mexicano y su México siempre fiel

En la sede de la Nunciatura, una vez más, como siempre, los remolinos de gente que esperaban verlo para darle un fraternal "hasta pronto". "Juan Pablo, te amamos, por eso madrugamos", era la improvisada porra de ocasión que le lanzaban los fieles desde antes de que clareara el día. En los rostros se desbordaban las lágrimas de emoción combinadas con las notas de Las mañanitas.

El "papabús" inició su recorrido que esta vez comprendía Paseo de la Reforma. El pesado vehículo dio una vuelta completa al Ángel de la Independencia, mientras miles de fieles agitaban banderas con los colores vaticanos. Todo ocurrió como en cámara lenta, como si esos minutos quisieran prolongarse indefinidamente.

En el hangar presidencial ya esperaban Vicente Fox y Marta Sahagún. Estaban ahí cardenales y obispos y los únicos funcionarios convocados: el secretario de Relaciones Exteriores, Jorge Castañeda; el de Gobernación, Santiago Creel; el embajador de México en el Vaticano, Fernando Estrada Sámano y el vocero presidencial, Rodolfo Elizondo. También acudieron Andrés Manuel López Obrador, jefe del gobierno capitalino y su secretario general de gobierno, José Agustín Ortiz Pinchetti.

A las doce y cincuenta y cinco minutos, apareció el "papamóvil". Entre gritos, globos amarillos y blancos que fueron soltados al aire, el mariachi Gama Mil cantó el "Cielito lindo" —Canta y no llores—. Apenas se detuvo el vehículo, fuera de todo protocolo, Fox Quesada subió y con sus enormes manos cubrió las de Juan Pablo II. La Primera Dama intentó seguirlo, pero personal de seguridad de Su Santidad se lo impidió.

La multitud coreaba un interminable "¡no te vayas! ¡No te vayas!" y el ingenio mexicano mutó la inefable porra en, "¡Juan Pablo, sí puedes, queremos que te quedes". Más que gritos eran súplicas. En el lado izquierdo del escenario, un grupo de pequeños en sillas de ruedas, algunos enfermos de cáncer, otros con parálisis cerebral, sonreían y lloraban.

Su Santidad da los últimos pasos de los 22 000 kilómetros que recorrió desde el Vaticano hasta su México. "El Papa está contento, feliz", dijo Joaquín Navarro, su vocero. Y eso se observa: pese a las dificultades, seguramente pese a intensos dolores, se le ve reanimado y sonriente.

Esta vez no hubo mensajes. En una pedana, una especie de plataforma, Juan Pablo II llegó al pie de las escalinatas del avión. A diferencia del martes, cuando a su llegada arrastró dificultosamente sus pasos hasta el ascensor automático, esta vez subió los escalones por su propio pie.

El Santo Padre se detuvo a las puertas del Boeing 767 de Aeroméxico, giró en sentido contrario a las manecillas del reloj, despegó la barbilla del pecho y levantó la mano para bendecir a la multitud que lo despedía. Concluyeron "Las Golondrinas" y el mariachi entonó entonces "Cuando un amigo se va".

La ceremonia duró apenas diez minutos. La aeronave avanzó sobre la pista para iniciar su despegue. Y se hizo un pesado silencio.

Sería la última vez que Juan Pablo II pisara México. Nadie lo sabía con certeza en ese momento, aunque su deteriorado estado de salud lo hacía suponer. Sin embargo, como él mismo lo dijo, en realidad se quedaba para siempre en el corazón de todos los mexicanos.

"Me voy, pero no me voy. Me voy, pero no me ausento, pues aunque me voy, de corazón me quedo". Juan Pablo II ya era para nosotros "el Papa mexicano" y México le refrendaba, como lo hizo en sus cuatro visitas previas, que le será siempre fiel.

CAPÍTULO 4

DE LA SANTA SEDE A LOS ALTARES

Los atentados

El 13 mayo de 1981, los fieles observaban el paso del *jeep* blanco con placas SCV 3 saliendo del Arco delle Campane para enfilarse al Portone di Bronzo, en el costado derecho de la Plaza de San Pedro, como ocurría cada semana en las audiencias de los miércoles.

Juan Pablo II levantó a Sara Brotoli, una pequeña niña rubia y la regresó a los brazos de su padre luego de besarla en la mejilla. Eran las diecisiete y diecisiete cuando tres detonaciones rasgaron el aire de la plaza de Bernini; luego se sabría que provenían de una Browning 9 milímetros. Su Santidad se llevó las manos al abdomen y se dobló sobre sí mismo. Estaba herido en el abdomen, el codo derecho y en el dedo índice de la mano izquierda.

Se desvaneció y cayó al lado de su secretario particular, el cardenal Stanislaw Dziwisz, quien me relata la dramática escena:

—Le pregunté dónde le habían herido. Me dijo que en el vientre y que le dolía. En ese instante comenzó a agacharse. Al estar detrás de él logré sostenerlo, pero era evidente que estaba perdiendo rápidamente muchas fuerzas—.

Los guardias suizos, el capitán Alois Estermann y el sargento Hasler, protegieron con sus cuerpos al Santo Padre ante la posibilidad de nuevos disparos. El vehículo avanzó con rapidez hacia la ambulancia que se encontraba en la esquina de la Plaza. Su conductor, Nando Camelloni, cubrió en apenas doce minutos el recorrido que normalmente tardaría casi media hora hasta el Policlínico Gemelli. "Estoy herido en el vientre; estoy mal. Conservemos la calma", fue lo único que el Papa dijo en italiano mientras susurraba breves plegarias dirigidas a María.

Una operación de emergencia, comandada por el cirujano Francesco Crucitti, que duró cinco horas y veinte minutos, le salvó la vida a pesar de que había perdido casi tres litros de sangre. Los médicos comentaron que milagrosamente, la bala pasó a escasos centímetros de la vena aorta y se alojó entre el colon y el intestino delgado. Si hubiera tocado la aorta, habría muerto casi de inmediato.

El agresor, el turco Mehmet Alí Agca, fue atrapado por una monja franciscana. Sor Leticia, cuyo nombre civil es Lucía Giudici, lo tomó por la espalda mientras la gente gritaba, "¡es él, es él!". Un guardia italiano finalmente llegó para someterlo. En cuestión de segundos la terrible noticia dio la vuelta al mundo.

Después de días de zozobra, el 17 de mayo su voz se vuelve a escuchar a través de Radio Vaticano:

Rezo por el hermano que me ha herido. Pienso en las dos personas heridas a la vez que yo (dos turistas estadunidenses que fueron alcanzadas por las mismas balas). Unido a Cristo, sacerdote y víctima, ofrezco mis sufrimientos por la Iglesia y por el mundo.

Un día después el Papa cumplía 61 años, así que permitió que el fotógrafo de la Santa Sede, Arturo Mari, le sacara una placa mientras convalecía en la cama. La imagen se reprodujo en todo el planeta. Ante la sorpresa del equipo de cinco médicos, provenientes de la República Federal Alemana, Estados Unidos, Francia, España y Polonia, que estuvieron pendientes de su evolución, el obispo de Roma dio rápidamente muestras de mejoría. Tres días después daba sus primeros pasos en la habitación del hospital y comía sus primeros alimentos sólidos, sin embargo, anímicamente no tenía razones para sentirse bien.

Por un lado estaba la muerte del cardenal Stefan Wyszynski víctima de cáncer en el estómago y en el sistema linfático; aunque tuvo la oportunidad de despedirse de él vía telefónica y eliminar cualquier diferendo que tuvieran en su momento. Y por el otro, 68 por ciento de los italianos dieron el "sí" al referéndum sobre el aborto convocado por las autoridades.

El 3 de junio ya estaba de regreso en el Vaticano y cuatro días después, desde el balcón interno de la Basílica, asistía a la fiesta del Pentecostés. El esfuerzo fue demasiado y el cobro vino en forma de fiebre y pérdida de energía que de nueva cuenta lo llevó a una cama del Gemelli el 20 de junio. El parte médico: infección de citomegalovirus provocada por la transfusión de sangre que recibió durante la primera operación.

Los médicos le advirtieron que no sería dado de alta hasta estar totalmente recuperado. El 5 de agosto fue sometido a una intervención menor para eliminarle la colostomía y para el día 24 ya no padecía fiebre y sus sistemas cardiovascular y digestivo estaban restablecidos.

Paralelamente continuó la investigación policiaca sobre el móvil y responsables intelectuales del atentado. Alí Agca insistía en que había actuado solo. De 23 años, el sujeto originario de un pueblo al oriente de Turquía era parte de la mafia de ese país. Estaba involucrado en el tráfico de armas, drogas y tabaco. Se le descubrieron conexiones con Los Lobos Grises, el brazo armado de una organización terrorista de extrema derecha.

Fue entrenado en Siria y en febrero de 1979 participó en el asesinato de Abdi Ipoekci, director de Millyet, el periódico más importante de Estambul. Aunque fue arrestado, logró escapar de la prisión militar de Kartla-Maltepec. El 26 de noviembre de ese mismo año envió una carta a ese diario dirigida a los "imperialistas occidentales".

En ella aseguraba que temerosos del poder político, militar y económico de los países de Medio Oriente, "se proponen enviar a Turquía al Comandante de las Cruzadas, Juan Pablo, disfrazado de jefe religioso". En la misiva advertía que si la visita del Papa a Turquía no era cancelada, él lo asesinaría. Pese a las amenazas, el viaje se realizó y transcurrió sin incidentes.

Las autoridades lograron establecer la ruta que llevó a Agca a Roma. Disponía de una fuerte suma de dinero que le permitió moverse durante nueve meses por la capital italiana, Zúrich, Viena, Palma de Mallorca y Milán, donde consiguió la pistola que le entregó un "lobo gris".

El terrorista regresó a Roma el 10 de mayo y tres días después, en compañía de dos búlgaros y dos turcos, se trasladó al Vaticano. Los cinco tomaron posiciones estratégicas en espera de que iniciara la audiencia pública. El plan era casi perfecto —casi—. Había un auto en las inmediaciones de la Plaza que les permitiría huir, además de que contaban con pasaportes diplomáticos para escapar y evitar su captura.

Agca se confesó culpable del intento de asesinato y fue condenado a cadena perpetua. En sus testimonios posteriores, involucró también a turcos y a búlgaros en un complot para asesinar a Lech Walesa, líder del movimiento Solidaridad.

El 23 de diciembre de 1983, Juan Pablo II visitó a su agresor en la cárcel romana de Rebbibia. Hablaron cara a cara y en actitud casi confidencial durante dieciocho minutos. Agca le besó la mano y apoyó en ella su cabeza, gesto que para los islámicos es de pleitesía.

Cuestionado por los periodistas sobre el contenido de la conversación, el Santo Padre explicó que se trataba de un secreto entre ambos. "Le he hablado como se habla a un hermano al que se ha perdonado y tiene mi confianza. Sí, Ali Agca está arrepentido de su acción".

No obstante, Joaquín Navarro-Valls, quien fuera vocero de la Santa Sede, reveló en 2011 que el Papa quedó muy sorprendido porque durante esa visita Agca no le pidió perdón, lo único que le dijo fue: "me tienes que decir cuál es el secreto de la Virgen de Fátima".

Agca, añade Navarro-Valls, estaba obsesionado con las declaraciones del Papa quien siempre sostuvo que "una mano disparó (la de Agca) y otra mano (la de la Virgen) guió la trayectoria de la bala y el Papa agonizante se detuvo en el umbral de la muerte". De ahí que el agresor se sentía "como un instrumento inconsciente de un plan divino y misterioso".

Desde el 14 de junio de 1989, Alí Agca cumplía su condena en Rebibbia por el intento de asesinato del pontífice, sin embargo, a iniciativa del mismo Juan Pablo II le fue concedido un indulto y fue extraditado a Turquía para que ahí respondiera por sus otros crímenes. Fue recluido en la prisión de Kartal, un penal especial situado en la zona asiática de Estambul que acoge a los criminales más peligrosos.

El 8 de enero de 2006, un tribunal turco decidió ponerlo en libertad y otro revocó esta decisión doce días después. Agca regresó a una celda a Sincan, en los suburbios de Ankara, hasta 18 de enero del 2010 cuando fue liberado; según su abogado "por buena conducta".

Alí Agca intentó obtener la residencia en Portugal e Italia la cual le fue rechazada en varias ocasiones. En enero del 2010 en una carta que difundió su abogado, Agca proclamaba:

> Yo soy el eterno Mesías, declaro el mensaje divino de Dios en el nombre de Alá, Dios es uno, eterno y único. Dios es total. La Trinidad no existe. El Espíritu Santo no es sino un ángel creado por Dios. Declaro que el fin del mundo está por llegar. Todo el mundo desaparecerá al final de este siglo. Todos los seres humanos morirán antes de que termine el siglo, la Biblia está llena de errores, yo escribiré una Biblia perfecta.

Ésa no fue la única vez que se intentó terminar con la vida de Karol Wojtyla. El 13 de mayo de 1982, el sacerdote español ultraconservador Juan Fernández y Krohn, intentó infructuosamente apuñalarlo con una bayoneta en la capilla dedicada a la Virgen de Fátima, en Portugal, al grito de "¡Muera el Concilio Vaticano II!". Según declaraciones que hiciera en 2006, acusaba al Papa de ser un agente soviético que buscaba corromper al Vaticano.

En 1984, durante su estancia en Seúl, Corea, un sujeto de 22 años que padecía de sus facultades mentales, logró llegar hasta el "papamóvil" y disparar contra él con una pistola de juguete. Asimismo, durante su visita a Lyon, Francia, en 1986, se creó una verdadera sicosis debido a que, a decir de los creyentes de Nostradamus, se había profetizado que ahí moriría un Papa. Nada ocurrió en esa ocasión.

Las enfermedades

De acuerdo a una tradición no escrita, que también utilizan otros líderes mundiales, los Papas no se enferman; por lo menos no de manera pública y si lo hacen, sus padecimientos se conocen una vez que es imposible ocultarlos.

Con el paso de los años y como consecuencia de la intensa actividad física a la que estaba sometido, la salud de Juan Pablo II se fue deteriorando. Uno de los primeros episodios ocurrió el 12 de julio de 1992, cuando reportó a su médico un fuerte dolor en el estómago que lo llevó a ser hospitalizado. Tres días después los cirujanos le extirparon del colon un tumor pre-cancerígeno del tamaño de una naranja. En la misma intervención le descubrieron cálculos biliares por lo que se tomó la decisión de también extirparle la vesícula.

Gracias a su constitución y a su afición a practicar deporte, se recuperó de tal forma que, ese mismo año regresó a Santo Domingo, en República Dominicana, para encabezar los actos del V Centenario de la Evangelización de América y no sólo eso: se dio el lujo de esquiar durante seis horas en los Apeninos.

El 11 de noviembre de 1993, tras una audiencia de la Organización de las Naciones Unidas para la Agricultura y la Alimentación (FAO), el Papa tuvo un traspié con la sotana y cayó en plena Aula de las Bendiciones de los Palacios Apostólicos; se dislocó el hombro derecho y sufrió una pequeña fractura que le fue atendida con anestesia local y la inmovilización del brazo. Obligado a usar cabestrillo durante cuatro semanas, el Santo Padre tuvo que usar la mano izquierda durante ese tiempo para impartir las bendiciones.

Un resbalón en el baño de su apartamento en el Vaticano, el 28 de abril de 1995, tuvo como consecuencia una fractura en la cabeza del fémur derecho por lo que fue sometido a una operación para reemplazarlo. Aunque la cirugía para colocarle una prótesis en la cadera fue exitosa, luego de un mes de hospitalización, tuvo que comenzar a usar bastón; esquiar quedó fuera de cualquier posibilidad.

El 14 de agosto de ese mismo año fue sometido a una tomografía axial computarizada (TAC) en la clínica Regina Apostolorum de Albano y en la Navidad de ese año se vio obligado a interrumpir su bendición *Urbi et orbi* desde la Basílica de San Pedro; la versión oficial explicó que fue por "náuseas provocadas por un enfriamiento y problemas intestinales".

En 1995 cumplió 75 años de vida, edad en la que los obispos deben presentar su dimisión, sin embargo Juan Pablo II aseguró que esto no ocurriría y que él seguiría al frente de la Iglesia Católica "hasta que Dios quiera".

El año de sus bodas de oro sacerdotales fue en 1996 y para celebrarlas publicó un nuevo libro: *Don y misterio*. Consciente de su deterioro, el 22 de febrero firmó el documento *Universi Dominici Gregis* que ratificaba en lo esencial las normas para elegir al Papa, aunque con algunas modificaciones. Por ejemplo: se determinó que se le debía dejar morir con dignidad, por lo que quedó prohibido hacerle fotos o filmarlo moribundo.

El 6 octubre le fue extirpado el apéndice. Además, a partir de esa intervención se evidenció que el Papa padecía la enfermedad de Parkinson. Su mano izquierda temblaba incontrolablemente y los músculos de la parte izquierda de la cara se relajaron, lo que a partir de ese momento le dificultó el habla y la gesticulación.

En febrero del 1997 un virus lo obligó a cancelar la tradicional audiencia de los miércoles y también un encuentro con José María Aznar, presidente del gobierno español.

Dos años después, también en febrero, suspendió todas las audiencias programadas incluyendo una con el alcalde de Roma debido a lo que el Vaticano calificó como "un acceso de gripe".

En octubre de aquel 1999 se hizo pública la Carta a los ancianos que, de cierta forma, representaba una aceptación de su propia vejez, "a pesar de las limitaciones que me han sobrevenido con la edad, conservo el gusto por la vida y doy gracias al Señor por ello. Es hermoso poder gastarse hasta el final por la causa del Reino de Dios".

En una entrevista concedida al semanario francés *Le Journal du Dimanche* a principios del año 2000, el cardenal Jean-Marie Lustiger, arzobispo de París y uno de los hombres que más sonaban en ese momento en los círculos conservadores de la Iglesia para suceder a Juan Pablo II, reconoció que el pontífice sufría de una parálisis progresiva que lo estaba convirtiendo en un verdadero prisionero de su propio cuerpo.

Los rumores sobre su abdicación circularon en la prensa y en Internet. Trascendió que el mal de Parkinson le estaba afectando la cara y paralizando el centro del lenguaje lo cual lo dejaría irremediablemente sin habla, pero nada de eso ocurrió.

No obstante, en 2002, durante un viaje a Azerbaiyán, el pontífice no pudo bajar del avión por sí mismo. Tras aterrizar en el aeropuerto de Bakú, tuvo que descender en elevador y saludar a las autoridades que le dieron la bienvenida mediante una plataforma móvil que le fue diseñada especialmente.

A partir de aquel viaje tuvo que utilizar esos instrumentos en sus constantes periplos por el mundo que, pese a la imposibilidad de estar de pie o de caminar a causa de la artritis, no interrumpió.

Gracias a una dieta basada en productos naturales como la papaya y a masajes faciales para recuperar la movilidad de los músculos, durante los primeros meses de 2003 se le pudo ver muy mejorado.

Sin embargo, en septiembre de ese mismo año, durante su visita a Eslovaquia, el pontífice presentó un aspecto muy debilitado. Ya no sólo se vio imposibilitado para caminar, sino que incluso requirió ayuda para completar la lectura de sus discursos.

Por esas fechas, el cardenal Ratzinger ofrecía declaraciones que eran publicadas en la revista alemana Bunte: "el Papa está mal y deberíamos de rezar por él". No obstante, para demostrar su voluntad de acero, el 16 de octubre encabezó la ceremonia para celebrar sus bodas de plata como Pastor Universal en la que expresó que "a sabiendas de mi fragilidad humana, Dios me invita a asumir la responsabilidad que me ha confiado". Incluso, y también como parte de los festejos, publicó en ese otoño un libro de poemas, *Tríptico romano*.

Después de casi no realizar apariciones públicas durante el invierno, el Papa se mostró, en marzo de 2004, relativamente rejuvenecido. De hecho, presidió todos los actos litúrgicos de la Semana Santa. El 15 de agosto de ese año visitó el Santuario de Lourdes, en Francia; durante la homilía, pidió en polaco ayuda pues no podía continuar y penosamente intentó beber agua.

"Que se haga tu voluntad"

El atentado del que fue objeto el 13 de mayo de 1981 fue el punto de inflexión en la salud de Juan Pablo II. Hasta ese entonces deportista y con una salud envidiable a sus 61 años, la bala que le atravesó el estómago le impidió seguir siendo "el Papa atleta".

A partir de entonces fuimos testigos de sus padecimientos y de los estragos que el paso de los años causaban en su salud, lo que lo obligó a ingresos y salidas continuas del policlínico Agostino Gemelli donde, incluso, tenía reservadas habitaciones para su uso particular.

Luego de un periodo de relativa estabilidad, aunque con algunos altibajos, el Papa recibió el 2005 con gripe. El 30 de enero, durante el rezo del Angellus, se le pudo apreciar con evidente falta de fuerza física lo que le obligó a suspender todas las audiencias previstas.

Al día siguiente amaneció sin fiebre. Los médicos decidieron ponerle la máscara de oxígeno para ayudarle a respirar; sin embargo, resultó contraproducente ante los violentos ataques de tos. Esa noche, contra su voluntad, fue hospitalizado de nueva cuenta en el Policlínico Gemelli, donde permaneció hasta el día 10 de febrero.

El domingo 13 de febrero reapareció en la ventana de su apartamento y lanzó un saludo que muy pocos escucharon y entendieron, por lo que el arzobispo argentino Leonardo Sandri, sustituto de la Secretaría de Estado, fue el encargado de leer sus palabras.

Apenas catorce días más tarde fue hospitalizado, una vez más, para ser sometido a una traqueotomía a fin de remediar sus problemas respiratorios. Fue dado de alta el 13 de marzo con la intención de que encabezara las ceremonias de Semana Santa; pero su delicado estado le imposibilitó participar en los ritos. Sin capacidad de hablar, sus últimas apariciones las hizo desde las habitaciones del Palacio Apostólico.

El 31 de marzo sucumbió a un choque séptico que le produjo un paro cardiovascular. Recibió la extremaunción. En las horas siguientes, una infección en las vías urinarias le provocó fiebre altísima y una caída de la presión arterial.

Consecuencia de la precariedad de su condición, ya no se le trasladó al policlínico Gemelli y fue atendido por los médicos en el ambulatorio instalado junto a su habitación del Palacio Pontificio. Su médico personal, Renato Buzzonetti, optó por suministrarle una fuerte dosis de antibióticos para atajar una situación que se hacía crítica por momentos.

Al mismo tiempo una multitud se comenzó a concentrar en la Plaza de San Pedro en espera de lo peor. Poco antes de las once de la noche, el portavoz Joaquín Navarro-Valls emitió un comunicado de tono pesimista:

> El Santo Padre, en el día de hoy, se ha visto atacado por una afección altamente febril provocada por una infección localizada en las vías urinarias. Se ha emprendido una apropiada terapia antibiótica. El cuadro clínico es estrechamente controlado por el equipo médico vaticano que le atiende.

Karol Wojtyla había perdido mucho peso, quizá hasta quince kilos, desde que el 23 de febrero le fue practicada la traqueotomía para paliar sus frecuentes crisis respiratorias.

La inserción de una cánula en la tráquea permitía llevar oxígeno directamente a sus pulmones que apenas funcionaban a causa del bloqueo nervioso provocado por la enfermedad de Parkinson, pero esto no resolvía el problema de la alimentación.

Parte de la comida, compuesta por dieta líquida, se desviaba hacia los pulmones, dificultando aún más la respiración y generando riesgo de infecciones. Para hacer frente a esa espiral negativa, se le comenzó a alimentar a través de una sonda nasogástrica.

El día más triste

Los miles de fieles permanecían en la explanada de la Plaza de San Pedro y aunque había incertidumbre, siempre prevaleció la esperanza. Algo muy distinto ocurrió durante el viernes 1° de abril, cuando esa esperanza se tornó en angustia. Las personas rezaban en silencio, lloraban y posaban sus miradas en el Palacio Pontificio en espera de noticias sobre la salud de Juan Pablo II.

En el ambiente flotaba un presentimiento colectivo que hablaba del desenlace de una larga agonía del Papa polaco que había hecho historia y se había ganado el afecto y el respeto de muchos millones de personas en todo el planeta. El fin parecía inminente.

Arturo Mari, fotógrafo particular de Su Santidad, me confía esos últimos momentos:

"Estaba recostado de lado izquierdo conectado a un tanque de oxígeno. Su secretario le informó que estaba ahí. En ese momento volteó con una sonrisa tan bella. Hacía años que no veía sus ojos tan abiertos. Caí de rodillas. No me avergüenzo, fue un acto humano. Me acarició muchas veces y me bendijo. Después, con una voz muy bella me dijo: Arturo, gracias, gracias. Se volteó de nuevo de lado. Se veía que estaba listo para un viaje mejor. Y ése fue el momento más bello de mi vida".

Por la tarde, su cuerpo no resistió más. La fiebre era muy alta y dijo: "Dejadme ir a casa del Padre".

Así, a los 84 años, en su habitación privada del Vaticano y tras un progresivo deterioro de su salud, Karol Wojtyla dejó de existir el sábado 2 de abril del 2005 por la noche, a las nueve y treinta y siete, según confirmó el portavoz de la Santa Sede, Joaquín Navarro-Valls.

La ventana de su habitación, en el tercer piso del Palacio Apostólico, se encendió de repente, dando así la señal para que los cardenales que se encontraban en la Plaza de San Pedro rezando el rosario, dieran la noticia a las más de sesenta mil personas que se habían congregado para acompañar al pontífice en sus últimas horas.

La noticia fue recibida con un intenso aplauso y al mismo tiempo con enorme conmoción entre los fieles. Como marca el ritual, a los pocos minutos comenzaron a doblar las campanas de la Basílica de San Pedro, luego las de Roma y finalmente las de todas las iglesias del mundo.

El secretario de estado vaticano, Angelo Sodano, entonó el "De Profundis" y posteriormente lanzó una plegaria ante los fieles. Todos lloraban. Después, se hizo el silencio "para acompañar al Papa en sus primeros pasos al cielo".

El cardenal camarlengo, el español Eduardo Martínez Somalo, tal y como marca la norma, hizo el reconocimiento oficial del Papa para confirmar su muerte. Un segundo funcionario, el maestro de cámara, inutilizó el Anillo de Pescador del pontífice golpeándolo con un martillo especial de oro y marfil de manera que la imagen y nombre del pontífice queden deformados. El anillo queda listo entonces para ser fundido y el oro que lo conforma utilizado para la confección del nuevo anillo que utilizará su sucesor en la silla del apóstol Pedro.

Junto al lecho de muerte del Papa se encontraban cinco cardenales: Joseph Ratzinger, decano del Colegio Cardenalicio; Angelo Sodano, secretario de estado del Vaticano; Camilo Ruini, vicario de Roma; Giovanni Lajolo, secretario de estado para las relaciones internacionales, y Eduardo Martínez Somalo, camarlengo.

Tras el fallecimiento del Papa Juan Pablo II, el gobierno provisional de la Iglesia católica quedó en manos de Martínez Somalo con la función de administrar los bienes y los derechos temporales de la Santa Sede.

A partir de este momento comenzó un periodo llamado "de sede vacante", en espera de que los cardenales se reunieran en cónclave en la Capilla Sixtina para proceder a la elección del nuevo pontífice.

El sepelio del Papa peregrino

El 8 de abril, el mundo dio el último adiós a Juan Pablo II con la celebración de un multitudinario funeral en El Vaticano.

En la mañana, a las seis y cuarenta, el ataúd fue levantado por los hombres de la Orden de Malta para llevarlo al interior de la Basílica de San Pedro. El aplauso final fue realmente emocionante y prolongado, dando así un sentido y respetuoso adiós final al Santo Padre. Las campanas de Roma doblaron nuevamente sumándose a la despedida.

El ataúd de madera de nogal fue puesto al interior de otro de plomo, para protegerlo de la humedad, y depositado en las Grutas Vaticanas de la Basílica de San Pedro donde, en una ceremonia privada, fueron colocados los restos de Juan

Pablo II, en el lugar donde antes estuvo el Papa Juan XXIII.

El cardenal alemán Joseph Ratzinger fue el encargado de oficiar la misa y de pedir la intercesión de la Virgen María y de todos los santos para encomendar el alma de Juan Pablo II a Dios. En un momento muy emotivo, la gente se unió en un coro que clamó, "Giovanni Paolo, Giovanni Paolo", seguido de un "Santo, ya", "Santo, ya".

Decía Ratzinger en su homilía, interrumpida en múltiples ocasiones por los aplausos de los presentes:

> Tenemos el corazón lleno de tristeza, pero también de alegre esperanza y de profunda gratitud. Éste es nuestro estado de ánimo. Podemos estar seguros de que nuestro amado Papa está ahora en la ventana del Padre, nos ve y nos bendice. Sí, nos bendiga Santo Padre. Nosotros ponemos tu alma en manos de la Madre de Dios, tu Madre, que te ha guiado cada día y te guiará ahora a la gloria eterna de su Hijo.

Más de doscientos jefes de estado y de gobierno asistieron al funeral de Su Santidad. Entre ellos el rey de España, Juan Carlos I, con la reina Sofía; el príncipe de Gales; el presidente francés, Jacques Chirac; el rey Abdalá de Jordania; el primer ministro británico, Tony Blair, el presidente de Irán, Mohamed Jatamí; el de Siria, Bashar al Assad; el mandatario de Estados Unidos, George Bush; el de Brasil, Luiz Inacio Lula da Silva; así como el mexicano, Vicente Fox.

La elección de Benedicto XVI

La fecha del cónclave fue fijada para el lunes 18 de abril. Tras día y medio de deliberaciones, el cardenal Joseph Ratzinger, de 78 años, fue elegido sucesor de Juan Pablo II.

El purpurado alemán consiguió los votos necesarios para convertirse en el 265° pontífice de la Iglesia Católica, luego de cuatro votaciones en el segundo día del cónclave. Por la tarde, la fumata blanca salió de la chimenea de la Capilla Sixtina a las cinco y cincuenta, minutos después, las campanas comenzaron a repicar en la Plaza de San Pedro para confirmar la esperada noticia.

Decenas de miles de fieles congregados recibieron con gritos y aplausos entusiastas la noticia y esperaron la aparición del cardenal protodiácono, el chileno Jorge Arturo Medina Estévez, quien anunció al mundo el nombre del nuevo Papa con la fórmula '*Annuntio vobis gaudium magnum Habemus Papam*', pronunciada desde el balcón de la basílica de San Pedro.

Minutos después Joseph Ratzinger, precedido por la Cruz, salió al balcón para saludar y bendecir a los fieles que le aclamaron con gritos y aplausos. En sus primeras palabras, el nuevo Papa, ya con sus hábitos, dijo que era un "humilde trabajador" de la viña del Señor y dedicó un recuerdo a su antecesor, Juan Pablo II. Dijo:

> Queridos hermanos y hermanas: después del gran Papa Juan Pablo II, los señores cardenales me han elegido a mí, un simple y humilde trabajador de la viña del Señor. Me consuela que el Señor sepa trabajar con instrumentos insuficientes y me entrego a

vuestras oraciones. En la alegría del Señor y con su ayuda permanente, trabajaremos y con María, su madre, que está de nuestra parte.

El nuevo Papa eligió el nombre de Benedicto XVI para su pontificado. El último Papa que gobernó con ese nombre lo hizo entre 1914 y 1922. En el siglo XX, sólo León XIII, Pío XII y Juan Pablo I fueron elegidos tras únicamente dos días de cónclave.

Joseph Ratzinger es el hijo de un comisario de la policía y de una mujer que pertenecía a una familia de artesanos acomodados, nacido el 16 de abril de 1927 en Marktl am Inn, de la diócesis de Passau, en Baviera, Alemania. Antes de que cumpliera los 18 años, es obligado a integrarse a los servicios auxiliares de la artillería antiaérea del Tercer Reich, cuando las fuerzas nazis comenzaban a debilitarse y echaron mano hasta de adolescentes y niños para continuar la guerra.

Al término de la Segunda Guerra Mundial, Joseph decide entrar al seminario convencido de que además de la reconstrucción material, Alemania requiere un "renacimiento cristiano". Toma cursos de Teología en la Universidad de Munich y se ordena como sacerdote en 1951. En 1953 obtiene el Doctorado y en 1957 comienza su carrera académica en Dogmática e Historia del Dogma.

Para 1965 ofrece conferencias en las que insiste en la diferencia entre una verdadera renovación de la Iglesia y su simple modernización. Dos años más tarde publica un texto titulado *Introducción al cristianismo* en el que propone abrir un debate sobre lo que implica ser cristiano y la fe frente a las nuevas teologías.

También elabora una tesis sobre las relaciones entre la Iglesia y el mundo:

> [...] proponer un encuentro sin conflictos de Iglesia y mundo significa desconocer la esencia misma de la Iglesia y del mundo... El cristiano, sobre todo hoy, deber ser consciente de que pertenece a una minoría y que está siempre en contradicción con lo que es plausible.

El 27 de junio de 1977, Ratzinger es electo cardenal de Munich y en 1980, Wojtyla, ya como pontífice, le encarga la relatoría del Sínodo de Obispos donde se analiza el lugar de la familia en el mundo contemporáneo, con un rechazo contundente a los programas anticonceptivos. En 1980 es designado presidente de la Congregación para la Doctrina de la Fe.

El proceso de beatificación

Nivolás Vermelle es una pequeña población y comuna francesa localizada en la región de Ródano-Alpes, a unos 70 kilómetros de Lyon, en Francia. En el pueblo se encuentran las monjas de la Congregación de las Pequeñas Hermanas dedicadas a ayudar a jóvenes madres a dar a luz.

"Mateo nació hace dos meses en la maternidad católica. Hay hermanas que son enfermeras. Están todo el día y toda la noche. Ellas se ocuparon del bebé y de mí desde que di a luz", me relata Lora, la orgullosa madre de un chapeado pequeñito que con ojos curiosos observa la entrevista y todo a su alrededor. "Sor Marie Simon Pierre era una de estas hermanas. Tenía 40 años y desde 2001 padecía del mal de Parkinson" me explica Sor Marie Pacal Sour, también integrante de la Congregación.

En 2005, la madre superiora le sugirió escribir una carta al Papa Juan Pablo II en la que le solicitará su intercesión para esa enfermedad que la aquejaba. Pese a su mala letra, atendió la solicitud. Y así, sin más, después de muchos rezos pidiéndole la cura al Sumo Pontífice, sanó milagrosamente.

De las doscientas cincuenta y un solicitudes que estudió la Congregación para la Causa de los Santos y tras minuciosas revisiones, finalmente se decidió por unanimidad que la curación del mal de la hermana Marie Simon Pierre, era inexplicable, prodigiosa y que sería la causa para promover la beatificación y posterior canonización de Juan Pablo II.

"El apostólico que estudia estos milagros establece sus requerimientos: tiene que ser inmediato, eterno y completo. Si un médico te dice que no podía curar a esa persona, entonces los teólogos confirman que se trata de un milagro. Además, los cardenales tienen que decidir que el milagro es atribuible a esa persona y el proceso debe ser aceptado por el Concilio de los Santos", me detalla sor Marie Elzbieta Siepak, portavoz del Santuario Misericordia Divina.

Previamente, el 28 de abril de 2005, el papa Benedicto XVI recibió al cardenal Camilo Ruini a fin de tratar las extraordinarias circunstancias en el proceso de beatificación y canonización de Juan Pablo II.

Un mes después Benedicto XVI dio a conocer la dispensa de los cinco años, necesaria para iniciar una causa. El cardenal Ruini firmó el edicto de la causa y pidió testimonios a favor y en contra; el 28 junio abrió oficialmente el proceso.

El primer acto de beatificación se inició con el juramento en latín del cardenal Ruini, juez ordinario del Tribunal Diocesano; seguido por el juez delegado, monseñor Gianfranco Bella; el juez adjunto, monseñor Francesco Maria Tasciotti; el promotor de justicia, Guiseppe d'Alonzo y los notarios Giuseppe Gobbi, Francesco Allegrini y Marcello Terramani.

Posteriormente se comunicó el nombre de las personas que serían interrogadas sobre la vida y virtudes de Juan Pablo II y se procedió al juramento del Postulador, el impulsor de la causa, el polaco Slawomir Oder.

El Tribunal de Cracovia, creado para ayudar en la investigación, comenzó sus trabajos en la ciudad donde Karol Wojtyla pasó la mayor parte de su vida antes de ser electo pontífice.

El 30 de enero de 2006 se hizo público el milagro seleccionado. "Juan Pablo II, tras su muerte, realizó supuestamente un milagro al curar de la enfermedad de Parkinson a una religiosa francesa" comenta monseñor Slawomir Oder.

En la catedral de Roma se celebró el 2 abril de 2007 la ceremonia con la que concluyó la fase diocesana de la causa de beatificación. A partir de este momento el proceso pasó a la jurisdicción de la Congregación para la Causa de los Santos.

El 19 de diciembre de 2009, Benedicto XVI proclamó "venerable" a Wojtyla, al aprobar el decreto por el que se reconocían sus "virtudes heroicas". Así, el 14 enero de 2011, Su Santidad promulgó el decreto por el que se reconoce un milagro por la intercesión de Juan Pablo II: la curación inexplicable para la ciencia de la monja francesa Marie Simon Pierre, que padecía Parkinson desde 2001.

El 1º de mayo de ese año, Benedicto XVI presidió la beatificación de Juan Pablo II ante una multitud reunida en la Plaza de San Pedro.

Ver a Dios a través de él

Como director de los programas de la Radio Vaticana y del Centro Televisivo de la Santa Sede, Francisco Lombardi siguió día con día las actividades públicas y también la vida íntima del Papa Juan Pablo II, incluyendo sus enfermedades y muerte.

Por ello, muy cerca del 1º de mayo de 2011, cuando fue beatificado, el actual portavoz del Vaticano me confió lo que le significaba esa fecha:

"Juan Pablo II es un testimonio de vida cristiana, es un gran ejemplo para todos. Proclamar beato a un cristiano quiere decir proponerlo como modelo de vida cristiana, es considerar que esa persona ha vivido verdaderamente su fe, su esperanza y la caridad en un modo extraordinario".

Añade que tras su muerte el mundo tiene un aliado en el cielo:

"Ahora que está en la vida eterna es nuestro amigo, nuestro intercesor, reza por nosotros y nosotros podemos pedirle que nos ayude a llegar con nuestros rezos y nuestras oraciones, al Señor".

Lombardi subraya que Karol Wojtyla no es un beato cualquiera: "Es un Papa beato. Por lo tanto, es una persona que todo el mundo ha conocido, amado y respetado. Es la presencia del Espíritu de Dios en medio de nosotros para el servicio y el bien de toda la humanidad. Es un ejemplo maravilloso de la presencia de Dios. Su vida es testimonio del Evangelio y del amor por Cristo".

Al seguir sus pasos a lo largo de 26 años de Pontificado, pudo comprobar que fue alguien que marcó un parteaguas no sólo para la vida de la Iglesia sino para la humanidad entera, a través de los mensajes de paz y reconciliación que emitió y que "en muchas ocasiones resultaron muy eficaces". Ejemplo de ello fue el rol que representó en las negociaciones para poner fin al totalitarismo en países de Europa del Este.

Como dije antes, el proceso de beatificación inició formalmente el 13 de mayo de 2005 por instrucciones del cardenal Camillo Ruini, vicario para la ciudad de Roma y antes, el 28 de abril, Benedicto XVI concedió la dispensa del plazo de cinco años de espera después de la muerte de un Papa, que establece el Derecho Canónico, para comenzar la causa. No se trata de un hecho excepcional: el propio Juan Pablo II lo hizo en su momento con la Madre Teresa de Calcuta.

En una conversación con Sor Marie Elżbieta Siepak, portavoz del Santuario de la Misericordia me cuenta emocionada que siente un enorme orgullo de que el Santo Padre haya sido elevado a la calidad de beato, pues fue muy cercano a esa congregación y al pueblo polaco.

"Él fue un obrero antes de la Segunda Guerra Mundial y por ello siempre acompañó con misas a los trabajadores de la fábrica de químicos. En su papel de cardenal de Cracovia, nos heredó el mensaje del Tercer Milenio con el que dijo a la gente que podía conocer mejor a Dios".

Siepak me dice que fue él quien instauró la fiesta de la Misericordia Divina y que llevó al Vaticano ese mensaje, el de la misericordia, y fue ésta la que caracterizó su pontificado. Detalla que con el misterio de la Misericordia Divina implementó la Escuela de la Espiritualidad o Escuela Personalística, basada en la contemplación de cada día.

"Esa es la base de creer en Dios pues está fundada en la vida de los humanos. Señala que la persona primero es dignidad y, después, sus necesidades. Todas las personas tenían gran valor para él porque los amaba ya que cada hombre es una persona amada por Dios, sin importar sus rasgos o sus necesidades".

De hecho recuerda que murió justo un día previo al consagrado a la Misericordia Divina.

"La última misa en la que participó era la vigilia de la fiesta de la Misericordia Divina, porque la celebración empezó a partir de la misa de la tarde del día martes", Sor Marie Elżbieta me comparte que el momento que mayor emoción le produjo fue cuando tuvo la oportunidad de participar en la misa de la Capilla de Juan Pablo II en el Vaticano, en 1992.

"Estaba con la madre superiora y con otras monjas y el secretario del Santo Padre, monseñor Stanislaw Dziwisz nos invitó a tomar lugar más adelante, al grado de que estábamos a su lado. No me percaté siquiera cuando el Sumo Pontífice entró a la capilla. De pronto lo vi de rodillas rezando y estaba en el presbiterio. La misa duró una hora exacta, sin sermón y yo tuve el privilegio de poder leer La Biblia durante misa. Al término de la celebración el Papa se me acercó y escuché cómo hablaba de Jesús con gran amor y con gran sufrimiento. Me parecía que era una plática muy especial entre el Santo Padre y Jesús, yo estaba muy conmovida en ese momento. Después entramos a la biblioteca y él nos sonrió y habló un momento con nosotras. Hoy en día todavía escucho sus palabras. Fui testigo de una experiencia extraordinaria, mística".

Ya en confianza, me revela su historia personal, dejó el periodismo para entregarse a los votos.

"Yo entré a la orden porque recibí un gran regalo de Dios: la vocación de ser amada por Jesús en la Tierra para toda la eternidad, sin embargo, mi madre se oponía, no quería que fuera monja, pero no le hice caso pues sentía personalmente que ése era mi sitio y recé mucho para reconocer el lugar preciso y adecuado para ejercer mi vocación y fue así como llegué al Santuario de la Misericordia Divina de Cracovia-Lagiewniki".

Señala que fue en la primera peregrinación de Juan Pablo II a Polonia en 1979, cuando la vida le cambió.

"Polonia era entonces un país comunista y no había ninguna perspectiva de futuro. Como estudiantes, nos hacían aprender alemán, español, francés, latín o griego, pero no podíamos practicarlos porque no podíamos viajar al extranjero. Cuando vino el Papa fueron días excepcionales de libertad, nos sentíamos libres, no pensábamos que vivíamos en un régimen comunista".

Me relata que la gente, con enorme alegría, lanzaba flores en el camino donde pasaba el "papamóvil" y que lo esperaban de pie durante horas; además de que hacía guardia día y noche frente del Palacio del Arzobispado.

"Me acuerdo del encuentro con los jóvenes en el Santuario de San Miguel pues siempre gustaba de estar cerca de ellos. Entonces yo también era una jovencita y participaba en esos encuentros, era una experiencia excepcional. Su presencia convertía todo en belleza, alegría, amor y paz. Ése era el país en el que queríamos vivir". Marie Elżbieta era periodista en ese entonces.

"Yo trabajaba bien, tenía muchos amigos, siempre andaba alegre, parecía que nada me faltaba, pero espiritualmente sentía que no estaba en el puesto adecuado. Durante los siguientes cuatro años le recé a Santa María para que me mostrara dónde estaba mi lugar. En el cuarto año recuerdo que fui a la capilla y la primera persona que encontré fue a la hermana Josefa Kowalsien, quien empezó a orientarme sobre mi vocación. Yo le hablaba a Jesucristo y le decía que si no era el lugar para mí, que me echaran fuera. Luego de conversar ampliamente con un sacerdote, comprobé que esa vocación era lo que realmente me hacía feliz. Fue ese el momento más importante de mi vida, ya que me di cuenta que era una persona que estaba en las manos de Dios y que podía conocer el misterio de la Misericordia Divina".

Incluso me confía que tenía novio y que lo dejó. "Ahora mi noviazgo y toda mi vida era para Jesús. Dios, como el mejor padre, no quiere mostrar a uno el peor camino, sino el mejor. Y el mejor camino es estar donde Dios nos quiere".

Le lanzo una última pregunta: —¿Por qué la gente lloraba al ver al Papa Juan Pablo II?

"Era algo especial. El Santo Padre era como transparente, se veía Dios a través de él, no ocultaba a Dios, daba amor a la gente. Ese es un misterio que no se puede entender. En toda su vida reflejó el misterio de la Misericordia y el amor al prójimo. Es la escuela de la Misericordia Divina".

La ceremonia

El rostro amable de Juan Pablo II domina la Plaza de San Pedro en forma de una fotografía gigante colocada en la columnata de Bernini. Desde ahí mira con cariño hacia la Basílica, en espera de que Benedicto XVI encabece la ceremonia de su beatificación. Otras veintisiete grandes imágenes muestran algunos de los momentos más significativos de su pontificado.

Es la última semana de abril y en los días previos al magno evento los peregrinos se han apoderado de la zona al grado de que resulta difícil moverse por los alrededores de la plaza vaticana. El gobierno italiano espera un millón de fieles provenientes del extranjero además de los residentes en Roma.

Hacia la mitad de la Vía della Conciliazione, la gran avenida de acceso a la Santa Sede, los peregrinos se toman fotos junto a la nueva estatua de bronce de Juan Pablo II que tiene los brazos abiertos en actitud de bienvenida. Hay un ambiente de fiesta mientras las autoridades eclesiásticas y civiles llevan a cabo los últimos preparativos. El primer acto del programa en la Ciudad Eterna es la vigilia en el Circo Máximo el sábado por la noche.

La fiesta de beatificación dura tres días: comienza el sábado 30 de abril, sigue el 1° de mayo con la elevación a los altares y se prolonga con una misa de acción de gracias hasta el lunes 2.

Federico Lombardi, vocero oficial del Vaticano, me detalla lo que ocurrirá:

"En la noche del 30 de abril, a las veinte horas, habrá un gran encuentro al que está invitada toda la ciudad en un lugar que se le conoce como Circo Máximo, es un circo antiguo de Roma. Esta primera parte está dedicada a celebrar la memoria de Juan Pablo II, tomarán la palabra dos testigos de su vida: el cardenal de Varsovia, Stanislaw Dziwisz, quien fue su secretario particular durante cuatro décadas y el médico y periodista Joaquín Navarro-Valls, su portavoz durante 22 años. También intervendrá la religiosa francesa Marie Simon-Pierre para relatar su curación milagrosa del mal de Parkinson, gracias a la intercesión del Santo Padre. Será un encuentro de oración para prepararse y pasar la noche esperando la beatificación. Al término de la oración, la gente podrá ir por la ciudad y entrar a las iglesias que estarán abiertas para que los fieles oren en ellas. Los peregrinos que no tengan hotel podrán ser partícipes de una "noche blanca" a lo largo de un itinerario especial desde el Circo Máximo hasta la Plaza de San Pedro en que ocho iglesias estarán abiertas toda la noche para facilitar la oración y el descanso. La Obra Romana de Peregrinaciones distribuiría gratuitamente, durante los tres días, agua y comida ligera, cortesía de empresas patrocinadoras".

Lombardi continuó satisfecho:

"En la segunda parte de la vigilia, se rezará un rosario mundial mediante enlaces en directo con cinco grandes santuarios, incluidos los de la Divina Misericordia en Cracovia; la Basílica de Guadalupe en México y el de la Virgen de Fátima en Portugal, a la que agradecía por haber sobrevivido al atentado del 13 de mayo de 1981. El Papa Benedicto XVI intervendría al final mediante un enlace televisivo en directo desde el Vaticano".

El domingo de la Misericordia Divina

La plaza de San Pedro abrió sus puertas a las cinco de la mañana. No hubo boletos de entrada ni reservas, así que los espacios destinados al público fueron para los madrugadores.

Las tiendas de recuerdos de la zona estuvieron abarrotadas de fieles. Ahí vendieron todo tipo de *souvenirs*, desde campanillas y relojes, hasta tazas, encendedores y camisetas, pasando por bustos y estatuas, desde las más dignas a las más "kitsch", pero los que más éxito tuvieron fueron los rosarios, los cuales mucha gente compró no sólo para sí, sino para sus familiares; así también los libros de fotografías de este Papa que atraía las cámaras como un imán desde su juventud, pasando por sus momentos finales y hasta ese día, seis años después de su fallecimiento. Los carteles con fotos entrañables de Juan Pablo II se asomaban por toda la ciudad: colgados de las luminarias, en los autobuses, en los edificios. Se había creado un ambiente de fe, de devoción y de fiesta.

La misa de beatificación fue concelebrada por el papa Benedicto XVI y todos los cardenales y dio comienzo a las diez de la mañana con el rito del descubrimiento, en la fachada principal de la Basílica, del gran tapiz con la que sería la imagen oficial del beato Juan Pablo II. Se trata de una imagen muy bonita, una sorpresa hermosa y alegre que los asistentes recibieron con júbilo.

Concurrieron muchas delegaciones de todos los países, encabezadas por presidentes, jefes de estado y de gobierno, representantes de la realeza. Cientos de cardenales, obispos y sacerdotes celebraron la misa junto a Benedicto XVI.

Previamente, el ataúd con los restos de Juan Pablo II fue sacado esa mañana del 29 de abril de las Grutas Vaticanas en las que reposaba desde el 8 de abril de 2005, fecha de los funerales.

Juan Pablo II ha sido el único Papa que reposó entre dos reinas: Cristina de Suecia y Carlota de Chipre, enterradas también en las grutas. Ha dejado atrás la sencilla lápida de mármol blanco jaspeado tras la cual hay un macetón de calas blancas y que en los últimos años se convirtió en lugar de peregrinación de fieles de todo el mundo.

Según datos del Vaticano, en promedio, más de veinte mil personas la visitaron a diario. "Ioannes Pavlvs PP II. 16.X.1978 – 2.IV.2005" son las únicas letras y números grabados en la losa de mármol proveniente de la famosa montaña de Carrara, en el noroeste italiano.

La losa mide 2.20 metros de largo por 1.20 metros de ancho y estaba dispuesta de manera que los fieles pudieran verla y leer lo escrito con facilidad. Juan Pablo II apreciaba mucho a Juan XXIII, por lo que se decidió enterrarlo en la tumba que ocupaba éste, una vez que el "Papa Bueno", quien convocó el Concilio Vaticano II que cambió radicalmente a la Iglesia, fue trasladado a la Basílica Vaticana ya beatificado.

El ataúd fue colocado delante de la tumba de San Pedro y cubierto con un bellísimo velo blanco. Ahí estuvo los días 29 y 30 de abril. En la mañana del 1° de mayo, el segundo domingo después de Pascua, la caja del beato Juan Pablo II fue llevada a la Basílica e instalada delante del gran altar central, en una ceremonia caracterizada por la solemnidad donde hubo lágrimas de emoción pero también aplausos.

A las nueve de la mañana comenzó la preparación de la oración de la Divina Misericordia de Santa Faustina Kowalska. Unos cinco minutos antes de las diez, el papa Ratzinger salió del portón de bronce, luego de hacer una reverencia frente al altar principal donde estaba el ataúd, inició la celebración fuera de la Basílica, sobre el Sagrario en la Plaza de San Pedro.

Tras hacer un recuerdo de la vida del beato, pronunció en latín la Grande Fórmula con la que proclama que Juan Pablo II está escrito en el árbol de los beatos. Los peregrinos aplaudieron mientras la música acompañó sus cantos.

Una reliquia del beato fue entonces llevada al Altar de la Veneración de los Fieles. Después de la misa, el papa Benedicto XVI lanzó la bendición final y un saludo en diferentes idiomas. Entró a la Basílica acompañado de los cardenales que celebraron con él. Delante de la tumba donde estaba el ya beato Juan Pablo II, hicieron una veneración, rezaron. Después fueron a la sacristía y así culminó la ceremonia.

Tras unos minutos las puertas de la Basílica fueron abiertas de par en par y los fieles comenzaron a desfilar frente al féretro para reverenciarlo. Las filas fueron interminables así que el acto se prolongó durante esa tarde, la noche y la mañana siguiente. El santuario cerró apenas unas dos horas para limpiar y arreglar todo perfectamente. La peregrinación continuó hasta que el último de los creyentes quiso presentar sus respetos.

Ya por la mañana del lunes 2 de mayo, a las diez y media, se celebró una nueva misa, la de Acción de Gracias, en la que oraron a Dios por la beatificación. En ella, por primera vez se leyó la liturgia del beato con las oraciones y las lecturas elegidas específicamente para Juan Pablo II.

Siguió la incesante procesión de los devotos delante del féretro del Papa. Muchas horas después fue llevado a una capilla lateral de la Basílica de San Pedro, a la capilla de San Sebastián que se encuentra a un lado de la Piedad de Miguel Ángel, muy cerca de la puerta, lo que facilitó a los peregrinos entrar directamente a ver al nuevo beato.

Dos visiones íntimas del Papa beato

Federico Lombardi, director del Centro Televisivo Vaticano (CTV) y de Radio Vaticano, así como portavoz de la Santa Sede tras la renuncia de Joaquín Navarro-Valls, el 11 de julio de 2006, me cuenta sobre las últimas coberturas a Juan Pablo II:

"A través de las cámaras seguíamos con mucho afecto, con mucho amor y con mucho dolor su sufrimiento y su fatiga. Tratamos que a través de la imagen de la televisión y a través de la radio y de las palabras que trasmitíamos, un inmenso público, en todo el mundo, siguiera con amor y con afecto este camino de sufrimiento y de fe del Santo Padre. Nosotros mirábamos su rostro que sufría y buscábamos con inmenso amor y respeto registrarlo para que los espectadores de la televisión pudieran, con igual amor y respeto, participar y escuchar lo que él quería decirnos y compartir el testimonio que quería darnos. Aun en los últimos años de su vida, siempre sirvió a la Iglesia y a la humanidad con un testimonio maravilloso de cómo se debe vivir la enfermedad y el sufrimiento con fuerza, coraje, serenidad y fe cristiana".

Agrega que a lo largo de todos los años en que lo acompañó, hubo momentos impresionantes; pero que varios de los que guarda con especial atención tienen que ver con sus últimas apariciones en público.

"Presentaba ya dificultades para hablar y nosotros lo grabamos con la cámara. No sabíamos cómo afrontar esos momentos. Era difícil y doloroso, pero al mismo tiempo una gran muestra de una pasión única por servir a la Iglesia y a la humanidad con todas las fuerzas, hasta el último minuto".

Recuerda que durante el funeral todos los que colaboraban en el CTV, trabajaron una semana continua, día y noche, para llevar al mundo, en vivo, las imágenes del impresionante homenaje que se le rindió al Papa Wojtyla.

"Yo no podía, no lograba hacer que mis colaboradores se fueran a su casa porque querían quedarse a ver ese extraordinario testimonio de afecto".

Joaquín Navarro-Valls, médico y periodista, es la persona que el mundo entero vio junto a Juan Pablo II como su vocero, a lo largo de 22 años, de 1984 a 2006. Él, junto con el cardenal de Cracovia, Stanislaw Dziwisz, secretario de Karol Wojtyla durante 40 años, fueron los dos testigos privilegiados de su extraordinaria dimensión humana y espiritual.

Nacido en Cartagena, doctor en Medicina por la Universidad de Barcelona y licenciado en Periodismo por la de Navarra, Joaquín Navarro-Valls era corresponsal de ABC en Roma en 1984 cuando el Papa se fijó en él y lo llamó para pedirle algunas sugerencias, "Pensé que iba a ser sólo una hora, ¡y fueron 22 años en el Vaticano!". Fue el primer laico y el primer no italiano que ocupó ese puesto.

Psiquiatra, periodista, portavoz de dos Papas, ensayista y escritor, Navarro-Valls es Doctor Honoris Causa por numerosas universidades de Europa y América. Políglota, sonriente y cordial, quien fuera el transmisor de los mensajes del Sumo Pontífice, preside ahora el Consejo Asesor de la Universidad Campus Bio-Médico de Roma.

Me comenta que después de su muerte, la presencia de Juan Pablo II, sigue presente y muy fuerte, al igual que la riqueza de su magisterio y de sus escritos.

"Sigue siendo muy amado por millones de personas. Casi se diría que continúa su misión al recibir decenas de miles de visitantes en su tumba" asegura que no lo extraña. "Pocos días después de su fallecimiento me preguntaron en una rueda de prensa si lo echaba de menos. Ya entonces dije, 'no, no le echo de menos, sencillamente porque antes, según el trabajo que había, estaba con él dos o tres horas al día. Ahora, en cambio, puedo estar en contacto con él 24 horas al día. Le pido consejo, le pido que me ayude'"

Al ser interrogado sobre la mejor herencia que le dejó, sin dudar responde que es su ejemplo. "Si debiera reducir a una idea toda su riqueza, diría que se aprendía con él a tratar a la persona humana por lo que cada uno es y no por lo que cada uno tiene como simpatía, belleza o recursos".

—¿Cuál es el recuerdo más intenso que tiene de él?

"Quizá el último, la despedida ya sin palabras, cuando su final era muy próximo. Como todos los días, yo estaba en la habitación, entre otras cosas porque había que seguir informando sobre su estado. Fue una despedida silenciosa. Nos miramos a los ojos y quedó todo dicho: no se sentía la falta de las palabras. Cuando murió, sucedió en esa habitación algo muy revelador. Al fallecer el Papa no se inició una oración por su alma sino un *Te Deum* de acción de gracias por su vida, una vida muy rica que terminaba su fase terrena en ese momento".

Señala que en privado era igual que como se comportaba en público, aunque corrige y apunta:

"Era aún mejor: un hombre enamorado y un cristiano cuya peculiaridad personal era su intensa relación directa con Dios. Su persona y su espiritualidad eran magnéticas, atractivas. Poseía muchas virtudes que mejoraban cada día porque nunca dejó de luchar por vivir lo que esas virtudes exigían. Pero esa gama extraordinaria de virtudes no entraban en colisión unas con otras: había entre ellas una integración magnífica. Por ejemplo, no sabía perder un minuto pero, al mismo tiempo, nunca tenía prisa; nunca le vi tenso o ansioso. Yo recuerdo de modo especial su buen humor, su sonrisa. Incluso en ocasiones en las que todo parecía requerir las lágrimas. Juan Pablo II tenía una intensa relación directa con Dios".

Y esa relación, la alimentaba por medio de las necesidades de los demás. Le llegaban mensajes de todo el mundo y los tenía en el reclinatorio de su capilla.

"Muchas veces le vi pasar horas de rodillas con estos mensajes, uno a uno, en la mano, sobre todo tipo de sufrimientos y necesidades. Pero sabía también dar gracias por tantas cosas buenas. Confiaba mucho en la misericordia de Dios. Por eso su beatificación en el Domingo de la Divina Misericordia, una fiesta que él instituyó y en cuya víspera falleció".

Es imposible dejar de preguntar a quien lo auxilió como comunicador:

—¿Cuál era secreto que tenía el Papa Wojtyla para comunicar?

"Su eficacia comunicativa se basaba más en lo que decía, que en cómo lo decía. En 1987, durante un viaje a Estados Unidos, un periodista de *The New York Times* dijo 'el Papa domina la televisión simplemente ignorándola'. No preparaba la escenografía, no aceptaba maquillaje, no prestaba atención a las cámaras ni a las luces, sino sólo a la gente. La gente que, para él, era siempre una persona concreta junto a otras personas singulares".

Juan Pablo II fue uno de los personajes mundiales que más habló en público a lo largo de la historia, pero Navarro-Valls agrega que también sabía escuchar.

"Escuchaba mucho y atentamente, a veces durante largas horas, tanto a los visitantes como a quienes frecuentemente invitaba a su mesa. Más que dar indicaciones, lo que solía hacer era pedir consejos o sugerencias. Luego, naturalmente, sabía decidir".

Concluye que era optimista, a pesar de que a lo largo de su Pontificado fue testigo de guerras y conflictos, del surgimiento de nuevas enfermedades, del deterioro del planeta.

"No obstante todo, era optimista porque sabía que al final de la historia humana está Dios y no el vacío de la nada".

Federico Lombardi finaliza la conversación en el mismo sentido: la historia sigue y los problemas también.

"Sólo en el final del mundo, como juicio universal, serán resueltos todos los problemas. Después de Juan Pablo II habrá otro que deberá enfrentar nuevos problemas. El Santo Padre hizo muchísimo por la paz, pero las guerras continúan.

Por lo tanto, la Iglesia y los Papas tendrán problemas antiguos y actuales que afrontar hasta el final de los tiempos".

Capítulo 5

Su círculo más cercano

No hay nada más difícil que tratar de describir con unas cuantas palabras la personalidad de alguien que cambió al mundo. En esos casos, lo más conveniente es la simplicidad. Recoger los testimonios de aquellos que lo acompañaron de manera cercana. Delinearlo a través de sus hechos, de sus enseñanzas, de su herencia.

Karol Wojtyla era una persona excepcional que se entregó en cuerpo y alma, incluso a costa de su vida misma, a la tarea de evangelizar al mundo. De ahí la frase que asumió como lema de su labor apostólica: "No tengáis miedo". Con sus actos y acciones siempre trató de poner en práctica ese importante mensaje, "abran sus corazones a Jesucristo, no le tengan miedo. Él no nos quita nada, por el contrario: nos da todo".

Así de simple y así de profundo.

El retrato desde Cracovia y Wadowice

Me encuentro en la Catedral de Cracovia. Un sitio que desde hace mil años es importante para todos los polacos. Ahí fue donde el joven Wojtyla, recién nombrado sacerdote, celebró su primera misa, en la cripta de San Leonardo, el 2 de noviembre de 1946.

—¿Por qué aquí? ¿Por qué en un lugar privado, casi oculto? —Le pregunto al padre Zdzistaw Sochacki, vicario de la Catedral.

—Desde la perspectiva de la historia de Polonia, él sabía que aquí está el corazón de Polonia, aquí late el corazón de Polonia, de los polacos y el suyo propio.

El inmueble no sólo tiene importancia religiosa, también es un sitio histórico. En ese altar los reyes polacos fueron coronados durante los siglos pasados. En el centro está la tumba de San Stanislaw, el obispo mártir patrono de toda Polonia.

—Enfrente de ese altar, ante la tumba de San Stanislaw, el Sumo Pontífice rezaba muchas veces porque ése es el altar de la patria polaca —me confía.

La cripta fue creada en el siglo XII y ahí están enterrados los reyes y personas importantes de la historia de Polonia. Entre otros, Juan III Sobieski, uno de los más importantes monarcas de la llamada Mancomunidad Polaco-Lituana, quien fue Rey de Polonia y Gran Duque de Lituania desde 1674 hasta su muerte en 1696. Fue además uno de los mejores militares del siglo XVII. También están los restos de héroes polacos como Tadeusz Kościuszko, quien fue uno de los líderes del movimiento anti-ocupación de Rusia, Prusia y Austria sobre Polonia y Lituania.

En la catedral se encuentra también la Capilla de los Cardenales. El padre Robert Necek, vocero del Arzobispado, me explica que esa era la capilla personal de Su Santidad.

—Aquí rezaba y celebraba las misas, no sólo como cardenal, también como Papa. En una mesa sencilla que forma parte del mobiliario, —me dice—, escribía sus sermones.

—El cardenal Wojtyla no sólo se preparaba para escribir los sermones, también los rezaba. Y lo hacía de rodillas porque pensaba que la Teología no sólo es un modo de vida, sino también una forma de pensar—.

Aunque reconoce que no tuvo una relación cercana pues sólo lo conoció "de lejos", el padre Necek me platica que tuvo la suerte de estudiar en Roma y de estar en la Biblioteca Privada del Santo Padre, así como en las audiencias privadas. No obstante, como vocero de esa Arquidiócesis, conoce las historias que ahí protagonizó el cardenal Wojtyla.

Fue él quien me compartió la anécdota que relaté en el capítulo de su infancia, entre 1927 y 1928 cuando el pequeño Lolek iba a la guardería con las monjas Nazaretanas.

—No era obediente y lo castigaban hasta cuatro veces al día —cuenta Necek— Muchos años después, ya como cardenal, visitó ese convento y preguntó, "¿está la monja que me castigó y me mandó al rincón de la sala?". La monja apareció, se llamaba Filotea Kuzash y era ya muy grande. "Perdón, lo siento mucho. De haber sabido que el monseñor iba a ser cardenal, nunca lo hubiera hecho", dicen que fue su primera reacción, entonces, el cardenal Wojtyla respondió "No tiene por qué pedir perdón. Mire señora monja lo hizo por mi bien y usted alejó esa maldad y me hizo la vida más fácil".

En los difíciles tiempos de la Segunda Guerra Mundial, Karol Wojtyla estudiaba en Cracovia y se encontraba con otros jóvenes clandestinamente en el Palacio del Arzobispado donde se instruían y se preparaban para las clases que daba otro gran cardenal, Adam Stefan Sapieha.

El cardenal Sapieha era respetado por los nazis ya que provenía de una ilustre familia de la nobleza polaca. De hecho, Hans Frank, gobernador General de la Polonia ocupada por los nazis, le tenía en estima.

—El cardenal Adam Sapieha fue una persona muy importante en la vida del joven estudiante Karol. Fue su tutor y ya como sacerdote, le siguió dando ayuda, consejos, le mostró el camino de su carrera —sentencia el padre Sochacki.

Tan trascendental fue el cardenal Sapieha para el joven Wojtyla como el papa Juan Pablo II para el padre Sochacki.

—Fue muy importante para mí desde el principio. Mi carrera empezó gracias al cardenal Wojtyla en 1973. Por él entré al Seminario de Cracovia y durante seis años estuvimos en contacto frecuente—.

Al cuestionarle cuál es la experiencia más bonita, la más emocionante que guarda en su corazón sobre Karol Wojtyla, tras pensar unos segundos, emocionado me contesta que tiene varias, pero rescata una:

Cuando yo era diácono fui al Vaticano y serví en la misa donde nombraron a un nuevo obispo. Al concluir, el Santo Padre se acercó, me tocó el hombro y me dijo, "¡qué miedo tuviste!". Y le respondí, "sí, tenía miedo"—.

Veinte años después, me revela, vivió la experiencia más importante de su vida. Para celebrar 20 años de sacerdocio, junto con otros padres, tuvo la oportunidad de celebrar la misa a lado del Juan Pablo II.

—Para mí fue un día especial que nunca olvidaré —concluye emocionado.

El Papa que no buscaba ser aclamado

Organizar, planear, establecer los contactos diplomáticos y finalmente acompañar a Juan Pablo II a las ciento cuatro peregrinaciones que realizó a lo largo de todo el mundo, "era una gran aventura". Así lo describen quienes se encargaron de esas tareas. Conmovidos, me relatan que el gran recibimiento de la gente en todas esas naciones "fueron momentos inolvidables".

El cardenal Roberto Tucci, nacido en Nápoles, Italia, el 19 de abril de 1921, fue una de las personas más cercanas a Su Santidad. Ordenado sacerdote de la Compañía de Jesús el 24 de agosto 1950, Doctor en Filosofía y Teología siempre estuvo muy ligado a actividades editoriales, de comunicación social y de diplomacia.

Por ejemplo, colaboró en la revista *La Civiltá Cattolica* y participó en la redacción del decreto *Ad gentes,* sobre la actividad misionera de la Iglesia y la constitución pastoral *Gaudium et spes,* sobre la Iglesia en el mundo actual. De 1965 a 1989 fue consultor del Pontificio Consejo para las Comunicaciones Sociales y miembro del comité editorial de la Instrucción pastoral *Communio et progressio,* sobre los medios de comunicación social.

En 1973 fue nombrado director general de Radio Vaticano y desde 1982 se encargó de organizar todas las visitas papales fuera de Italia, desde octubre de 1982 hasta junio de 2001. Precisamente de ello conversé con él. De entrada señala que el recuerdo más presente que tiene sobre esos viajes tiene que ver con la capacidad del Sumo Pontífice de ponerse en oración en cualquier momento del día y en cualquier situación.

—Hubo ocasiones en que no encontrábamos al Papa en ninguna habitación porque a las cinco y media ya estaba en la capilla de la Nunciatura. A veces se contentaba con media hora de oración, una vez estuvo en la Iglesia rezando solo durante hora y media. Durante todo el día tenía el rosario en las manos y estaba continuamente rezándolo o leía el breviario propio de los sacerdotes —me comenta.

Monseñor Tucci añade que, en sus viajes fuera de Roma, la gente lo aclamaba con un sonido ensordecedor y por ello, lo primero que buscaba en las iglesias era al Santísimo Sacramento.

—Inmediatamente iba a saludar al Señor y era capaz de estar un cuarto de hora en oración. La gente comprendía que tenía que estar callada por que el Papa estaba rezando; sin embargo, el murmullo continuaba pero parecía que no le afectaba lo que ocurría a su alrededor. Estaba profundamente inmerso en la oración. —Esa era parte de su personalidad. Siempre rompía el protocolo y a pesar de que esto provocaba grandes retrasos en su agenda, él respondía, "déjenme estar, debo rezar". Además, estuviere donde estuviere, llegaba a celebrar cuando menos dos misas al día—.

El cardenal Tucci me comparte que antes de comenzar cada viaje le preguntaba al Santo Padre cuáles eran sus expectativas.

—Inmediatamente se recogía y no me daba una respuesta.

Se recogía como si estuviera en oración para saber exactamente lo que tenía que responder, las necesidades de cada nación, lo que le convenía y lo que podía aportarle con su presencia—.

Lo mismo ocurría en situaciones difíciles o cuando enfrentaba una pregunta comprometedora.

—No respondía, esperaba. Cerraba los ojos, meditaba y era como si esperaba que la voz del Señor le indicara el camino correcto—.

Monseñor me relata esta anécdota. En alguna ocasión, de regreso a Roma, una fuerte e inusual nevada les impedía aterrizar.

—"¿Qué hacemos?" —Le preguntó. Se recogió en 10 minutos de oración, y después le dijo:

—"Padre Tucci, lo que usted haga, para mí está bien"—. Cuando finalmente lograron pisar tierra le informó que tendrían que esperar unos treinta minutos para que viajaran en un tren especial al Vaticano.

—"Muy bien, esperamos"— fue su reacción y se puso a rezar el rosario.

—Era un jefe muy paciente, nunca se lamentaba de las condiciones de los viajes. Por ejemplo, en África las habitaciones no estaban a la altura de las que generalmente usaba el Santo Padre en sus visitas pastorales. Pero nunca se quejó—.

El cardenal Tucci me confiesa que dos veces le aconsejó no viajar a Nicaragua por su sistema político, aunque finalmente la visitó en dos ocasiones (marzo de 1983 y febrero de 1996); así como a los Países Bajos, específicamente a Holanda, por la protesta social que había en contra de su

Pontificado, aunque finalmente estuvo ahí en mayo de 1985. Su respuesta fue contundente:

—El Papa no va a los países para ser aclamado, el Papa va para ayudar a la Iglesia de ese país, cuando esa iglesia tiene una necesidad el Papa no puede esperar tiempos mejores. Por lo tanto, hay que ir—.

Recuerda que precisamente en Managua, luego de que un grupo no lo dejaba hablar, tomó el micrófono y les dijo, "callados". Las primeras filas estaban ocupadas por gente del gobierno y él quería que quien lo escuchara fuera el pueblo, los de atrás. Y lo consiguió, con el micrófono logró hacer llegar su voz a todos, incluso a los que protestaban.

Algo similar ocurrió cuando viajó a El Salvador (marzo de 1983 y febrero de 1996). Reunido con todos los obispos del Consejo Episcopal Latinoamericano (CELAM), le aconsejaron no acudir a venerar la tumba del obispo Óscar Arnulfo Romero, célebre por su predicación en defensa de los derechos humanos y quien fue asesinado de un disparo hecho por un francotirador el 24 de marzo de 1980 cuando oficiaba una misa en la capilla del hospital de La Divina Providencia en la colonia Miramonte de San Salvador.

Los prelados le advertían que podía ser tachado de "comunista":

—Fue la única vez que vi al Papa dar un puñetazo fuerte en la mesa. Dijo, "el Papa tiene que ir a ver al obispo que fue asesinado en el momento más importante de su acción pastoral, durante el sacrificio de la misa. Ha sido asesinado injustamente"—me reveló el cardenal. El gobierno de Álvaro Magaña se oponía a que acudiera a la tumba—. "Yo no me moveré de aquí hasta que no se abra la puerta de la Catedral" —amenazó. —Así que tuve que ir a buscar a las personas para que nos dieran la llave para poder abrir. Al final, entró—.

Monseñor agrega que más que el programa, lo que al Santo Padre le interesaban eran los problemas que tenía el país. Por ello pedía reunirse previamente con los obispos locales para comprender y saber de primera mano las necesidades que tenía la nación en todas sus dimensiones.

—Yo participaba en estas reuniones. No se interesaba demasiado en los problemas técnicos de la organización pero una vez le pregunté acerca de los aspectos prácticos. Le expliqué todo lo que significa la organización de un día de viaje. Al final me tomó del brazo y me dijo, "pobre padre Tucci: qué baja ha quedado la Teología"—.

También recuerda que bromeaba mucho. Algunos de los viajes coincidían con el onomástico del cardenal Tucci, que es el día de San Roberto Belarmino, y delante del séquito bromeando dijo:

—"La persona que organiza los viajes tiene una picardía especial pues los programa precisamente en su onomástico". Yo le respondí, "usted sabe muy bien, Santo Padre, que las fechas de los viajes las establece usted, no yo" y se rió muchísimo y me abrazó—.

—¿Cuál fue el mayor regalo que dio Juan Pablo II al mundo? —Pregunté, y monseñor no duda en contestarme:

—La esperanza. Tenía una gran capacidad de esperanza. Era un hombre que sufrió en carne propia dos grandes dictaduras: la infamia del nazismo y después el comunismo, pero nunca perdió la esperanza. Es más, la reforzó en aquellos momentos. Por eso la expresión que dio cuando fue nombrado Papa desde el balcón de la Basílica de San Pedro, "no tengáis miedo"—.

Quien fungiera como su secretario Particular, monseñor Stanislaw Dziwisz, añade a su legado:

—Acercar al mundo a la Iglesia y la Iglesia al mundo, a la gente. La Iglesia quedó más consciente de los problemas del mundo. La fe y la razón quedaron muy cerca, uno al lado del otro, sin excluirse—.

El arzobispo que actualmente encabeza la Arquidiócesis de Cracovia aporta que durante ese pontificado, muchos países alcanzaron su independencia; la división entre Europa del Este y la Occidental, desapareció; y el diálogo entre países con religiones diferentes y hasta opuestas (por ejemplo, musulmanes y judíos), tuvo un gran avance.

—Su Santidad supo entender que hay muchos problemas comunes: la pobreza, las enfermedades y las guerras y que las religiones debían unirse para hacer frente a esos grandes retos. No ser causa de luchas o de guerras —detalla.

—¿Considera que fueron amigos? —Le pregunto.

—Amigos es demasiado, pero tenía una gran familiaridad. Recientemente llamé al cardenal de Cracovia y una religiosa me contestó, era quien acompañó al Santo Padre en los últimos viajes, era enfermera y me dijo que Juan Pablo II me quería mucho. Por lo tanto, espero que me proteja, especialmente en los últimos años de mi vida, y que pueda morir como lo hizo él: sufriendo mucho pero sintiéndome unido al Señor—.

El tiempo corre, la eternidad espera

Para seguir los pasos de Lolek regreso al origen, a Wadowice, a la casa que vio nacer al Santo Padre y que está franqueada por la Iglesia parroquial de Santa María en donde fue bautizado en 1920 y por la Basílica, inmueble que hoy es la Casa-Museo Juan Pablo II.

Su director, el padre Pawel Daneck, no oculta el orgullo que le provoca que el Papa sea de ahí.

—Desde mi juventud yo sentía una gran admiración por él. Cuando tenía cinco años tuve la oportunidad de verlo por primera vez en nuestra parroquia—.

La casa fue sometida a un proceso de remodelación total. Aunque originalmente la familia Wojtyla ocupaba sólo dos cuartos y la cocina, en 1984 se decidió usar otras tres habitaciones del inmueble para el Museo y después fueron añadidos otros dos cuartos. Así, la Arquidiócesis de Cracovia tuvo toda la vivienda a su disposición.

El museo cuenta con más de mil metros cuadrados. Tras cuatro años de remodelaciones fue reabierta al público el 9 de abril de 2014. Se trata de una moderna casona de tres pisos que muestra objetos originales de la etapa de su nacimiento, infancia, época escolar, universitaria, de su etapa como sacerdote y luego como pontífice. Incluso se exhibe el arma que el turco Alí Agca usó el 13 de mayo de 1981 para dispararle en la Plaza San Pedro, así como toda su vestimenta ensangrentada tras el atentado.

Guías en diversos idiomas, incluido el español, repasan en dos horas de recorrido los principales hitos de su vida, con especial detalle en las peregrinaciones. De hecho, se expone algo característico de los países que visitó en los ciento cuatro viajes que realizó fuera de Roma. De México hay tierra que se extrajo de la Basílica de Guadalupe.

Me detengo frente a una ventana desde donde se observa un reloj solar que contiene la leyenda, "el tiempo corre, la eternidad espera". El padre Daneck me explica que es el mismo reloj y la misma frase que el Sumo Pontífice veía desde pequeño y que en cierta forma lo marcó.

La actual sede del Ayuntamiento fue la escuela primaria donde Lolek realizó sus primeros estudios y el gimnasio, que no sólo le permitió ejercitar el cuerpo sino moldear su carácter y el alma, está fuera de la plaza, pero no muy lejos, a unos doscientos metros de la casa.

Me llama la atención que en ese momento, buena parte del público que visita la Casa Museo son soldados que portan el uniforme militar. Me acerco a quien encabeza el grupo y le pregunto por qué es tan importante que los jóvenes conozcan los orígenes de Su Santidad.

—El Santo Padre nos dio el ejemplo de su vida. Creció a través de la cultura, de la historia de Polonia, del teatro. Fue escritor, actor, deportista y una persona santa. Por eso es tan importante en la forma de educar a los futuros oficiales de nuestro Ejército que lo adopten como un ejemplo—.

Pero para el director de la Casa Museo Juan Pablo II, lo realmente importante al visitar Wadowice es asomarse a Karol Wojtyla, a ese hombre alegre, sonriente y amable.

—Aquí conocimos a ese hombre de carne y hueso; aquí fue a la escuela, hizo amistades, jugaba futbol, desempeñó papeles teatrales, y también aquí nació su fe y se hizo muy religioso—.

Es ahí donde comenzó la historia de ese gran hombre, del personaje más importante para el mundo religioso en el último siglo. Me quedo con una frase que me dio uno de los jóvenes militares en su visita al inmueble:

—Karol Wojtyla, el papa Juan Pablo II, es el ideal para caminar a lo absoluto.

Vivir cerca de un santo

Él es la discreta e infaltable figura que fotografió a lo largo de 51 años los diversos episodios de la vida de los Papas. Se trata de Arturo Mari quien empezó a construir la memoria fotográfica de los Papas a los 16 años y que en su carrera pasó por reportar gráficamente los pontificados de Pío XII, Juan XXIII, Pablo VI, Juan Pablo I, Juan Pablo II y, hasta su renuncia, de Benedicto XVI.

Mari recuerda el inicio de su aventura fotográfica cuando acompañó al papa Pío XII hasta la sede de Radio Vaticano, al inicio de la Vía de la Conciliación, una salida que entonces equivalía a todo un viaje intercontinental para un pontífice tan discreto como el papa Pacelli.

Las aventuras internacionales del fotógrafo italiano comenzaron con el papa Pablo VI, a quien acompañó a Tierra Santa, la India, y Colombia, para inaugurar la II Conferencia General del Episcopado Latinoamericano.

Sin embargo, a la pregunta sobre cuáles han sido los años más intensos de su vida, el fotógrafo responde sin titubeos: los que pasó trabajando junto a Juan Pablo II.

—¿Qué significó para usted esa experiencia? —Le cuestiono.

—Mi experiencia es la gran fortuna de vivir cerca de un santo. Esta experiencia ha cambiado mi vida. La cosa más importante es ver la humildad de Juan Pablo II, su carisma, y su férrea defensa de la paz, de la familia, del respeto a la mujer y al hombre, al trabajo. Y gracias a eso cambió al mundo. No lo digo yo, es la realidad de los hechos. Y creo que la mayor confirmación de lo que digo está en el gran amor que le profesa la gente—.

Mari recuerda un cartel colocado en la Plaza de San Pedro durante los funerales del Santo Padre que decía, "¡Santo inmediatamente!" ("¡Santo súbito!").

—No es algo que sale en cualquier situación, sale directamente del corazón de la gente—.

—¿Era una santo? —añado.

—Para mí sí, era un santo en vida. Lo he podido ver con mis ojos y escuchar con mis orejas. Era un verdadero santo en vida—.

Le resulta difícil elegir alguna anécdota entre las miles que tiene del cardenal de Roma. Luego de la insistencia y de un esfuerzo lanza la primera.

—El primer milagro que le observé fue el contacto con los jóvenes. El Papa se volvía joven entre los jóvenes. Y algo más que sólo observé en México: ver a millones de personas esperando su paso de unos cuantos segundos en el "papamóvil", gente que llora por él y espera un simple gesto que los ayude y los conforte. Solamente en el camino de un santo pueden suceder estas cosas—.

La siguiente pregunta es obligada: cuál es la foto que le gusta más de todo ese Pontificado. Una vez más duda. Tarda en responder, pero lo hace con contundencia:

—La fotografía en Oaxaca, con los campesinos. Un niño de sombrero corre hacia el Papa, salta a su cuello, lo abraza y lo mira. Esa foto ha dado la vuelta al mundo—.

Aunque también recuerda la imagen del último Viernes Santo, en el Vía Crucis, cuando el pontífice, ya anciano y débil, pidió un crucifijo. Apoyó entonces la cruz sobre su frente y su corazón. La gráfica fue captada en la capilla privada del Santo Padre.

—Yo entiendo esa foto como el misterio de la cruz, representa la gran fuerza con la que el Papa cree en Cristo, en la cruz, la apoya sobre su corazón y su cabeza, toda su devoción—.

En ese acompañamiento gráfico el fotógrafo se acercó a los pobres, captó a los líderes que determinaron el rumbo del planeta, observó a los leprosos, a los niños que morían de hambruna en África.

—Son cosas que no puedo explicar. Sólo puedo decir que es la cosa más bella que me podía suceder, es una gran fortuna. Y que hoy mi hijo sea sacerdote—.

Se trata de su único hijo, Juan Carlos, quien fue ordenado por el papa Benedicto XVI. Me revela que al principio, cuando le comunicó su vocación, no lo tomó bien, se quedó perplejo y preocupado.

—Sabía que su vida iba a ser muy dura, pues tenía que consagrar su vida a Cristo, pero hoy que ya es misionario, estoy feliz y orgulloso. Como padre, doy gracias a Dios—.

Me confiesa que otro motivo para dar gracias es su esposa, por cierto, de origen ecuatoriano.

—Es una mujer muy inteligente que me permitió hacer mi trabajo con serenidad, saliendo de la casa a las seis y veinte de la mañana y hasta ocho, nueve, diez de la noche, los tres-cientos sesenta y cinco días del año—.

También hay imágenes que deseó nunca haber captado. Una de ellas, la del atentado contra el Papa el 13 de mayo de 1981.

—Lo mismo me pasó en el hospital Gemelli, cuando tuve que sacarle una foto en la cama. Me dijo, "todavía estoy vivo". Me puse a llorar y ya no vi nada—.

Acepta que le fue muy difícil ver a alguien caracterizado siempre por su vitalidad, sufriendo impotente porque no po-día hablar, no podía expresarse.

—Siempre fue un hombre con una gran capacidad de ex-presión, no le faltaban nunca las palabras, tenía siempre la respuesta adecuada, meditada con paciencia. No obstante, hasta el final demostró ser un hombre con gran fuerza de alma, que nunca perdió la valentía. Que hizo suya aquella frase de "no tengáis miedo"—.

Mari no duda en señalar que ese es el momento más bello de su vida. Confiesa que ha llorado mucho desde su partida, pero no siente que le haga falta.

—Yo lo siento siempre cerca de mí, en mi espalda, cuando estoy aquí, cuando voy a trabajar, cuando tengo tantas in-vitaciones como a México, a Monterrey, a Guadalajara. No me siento solo porque la gente no lo ha olvidado y eso me llena de felicidad—.

En todo ese tiempo, captó unas seis millones de fotogra-fías. Además de la satisfacción personal de acompañar a un santo en vida, también tuvo reconocimientos como su nomi-nación a Caballero de la Orden de San Silvestro Papa, cuan-do cumplió los primeros cien viajes al exterior. Hoy Arturo

Mari se considera un hombre agradecido y bendecido pues le fue concedido uno de sus más grandes sueños: ver a Juan Pablo II en los altares.

Capítulo 6

El año de los dos Papas

El sorpresivo anuncio

El papa Benedicto XVI sorprendió al mundo el 11 de febrero de 2013 al anunciar su renuncia como máximo jerarca de la Iglesia Católica, hecho que no ocurría desde hacía seis siglos.

Joseph Ratzinger, de 85 años, adelantó que dejaría el Pontificado el 28 de febrero a las ocho de la noche. "Después de haber analizado repetidamente mi conciencia delante de Dios, estoy cierto de que mis fuerzas, por la edad avanzada, no son las más aptas para ejercitar en modo adecuado el ministerio de Pedro", argumentó.

Personalmente y en latín, Su Santidad, hizo el anuncio que dio la vuelta al mundo, pues el último pontífice que hizo lo mismo fue Gregorio XII en 1415 poco antes de morir, hace casi 600 años.

Durante el Consistorio que él mismo convocó en el Vaticano para la ceremonia de canonización de mártires italianos y dos beatas latinoamericanas, Ratzinger sorprendió a todos con lo que dijo:

> Queridísimos hermanos, los he convocado a este Consistorio no sólo por la canonización, sino también para comunicarles una decisión de gran importancia para la vida de la Iglesia.
>
> En el mundo de hoy, sujeto a rápidos cambios y agitado por cuestiones de gran relevancia para la vida de la fe, para gobernar la barca de San Pedro y anunciar el Evangelio, es necesario también que el vigor esté en el cuerpo, esté en el ánimo, vigor que, en los últimos meses, en mí se ha disminuido en modo tal de deber reconocer mi incapacidad de administrar bien el ministerio que me han confiado.
>
> Por esto, soy consciente de la gravedad de este acto, con plena libertad, declaro renunciar al ministerio de Obispo de Roma, sucesor de San Pedro.

Una hora después del anuncio, Federico Lombardi, vocero del Vaticano, reconoció su sorpresa y descartó que la renuncia del pontífice se debiera a una enfermedad específica.

De acuerdo con Gian María Vían, director del diario vaticano *L'Osservatore Romano*, el Papa tomó la decisión de renunciar tras su viaje a México y Cuba.

Y aunque la noticia fue sorpresiva, también era esperada. En *"La luz del mundo"*, un libro-entrevista de su biógrafo Peter Seewald, que se publicó cuando estallaron los escándalos de pederastia, el Papa se anticipó a la hipótesis de la dimisión. Señaló Ratzinger en previsión de lo que ya rondaba por su cabeza:

Cuando el peligro es grande, no se puede escapar, pero ése no es el momento para renunciar. Se debe renunciar en un momento de serenidad o simplemente cuando uno siente que ya no puede más, pero no puede hacerse para atrás y decir que las cosas las haga otro. Cuando se alcanza la clara conciencia de no estar en grado de continuar, en ese caso el Papa tiene todo el derecho y en algunas circunstancias, también el deber de renunciar.

A manera de despedida el Papa finalizó así su mensaje de dimisión:

Queridísimos hermanos, les doy las gracias de corazón por todo el amor y el trabajo con que han llevado junto a mí el peso de mi ministerio y pido perdón por todos mis defectos. Ahora, confiamos la Iglesia al cuidado de su Sumo Pastor, Nuestro Señor Jesucristo y suplicamos a María, su Santa Madre, que asista con su materna bondad a los padres cardenales al elegir el nuevo Sumo Pontífice. Por lo que a mí respecta, también en el futuro, quisiera servir de todo corazón a la santa Iglesia de Dios con una vida dedicada a la plegaria.

El relevo

El domingo 24 de febrero del 2013, la gente llegó desde temprano: fieles, turistas, periodistas acreditados de todo el mundo. Todos eligieron el lugar idóneo para no perder detalle del hombre de blanco que saldría desde esa legendaria ventana.

Sería la última vez que Benedicto XVI aparecería desde la ventana de los Papas para dirigir el Ángelus como sucesor de Pedro. Para darle las gracias y despedirlo unos doscientos mil peregrinos lo esperaban en la Plaza de San Pedro y alrededores del Vaticano. Con pancartas le mandaban mensajes y agradecían sus casi ocho años al frente de la Iglesia.

Banderas de todo el mundo ondeaban en la plaza y por supuesto, no podía faltar la nuestra:

—Yo lo sintetizaría en tres palabras: gratitud, aprendizaje y esperanza. Gratitud por todo lo que hizo durante su Papado, lo que nos deja como legado, lo que nos deja como esperanza —me dice un representante del Colegio Mexicano, quien porta una pancarta, "México, siempre fiel unido con el Papa".

Me acerco a unas jóvenes que lucen alegres. Y sí, reconocen que están contentas. La razón:

—Porque el Papa nos ha dado una gran enseñanza de bondad, de humildad, de servicio, de mucha confianza en Dios. Hemos venido a despedirlo y a darle las gracias—.

Los aplausos interrumpían al Santo Padre cada vez que decía "gracias" en francés, portugués, alemán, polaco, italiano y en español. Y así se despidió, "gracias a todos por sus expresiones de gratitud, afecto y cercanía en las oraciones que he recibido estos días".

La Constitución Apóstolica promulgada por Juan Pablo II en 1996 establecía el proceso de sucesión tras la muerte de un Papa, sin embargo, no existía claridad sobre los pasos a seguir en caso de renuncia. De ahí que Benedicto XVI hizo algunas reformas antes de renunciar.

Modificó quince artículos de la Constitución Apostólica *Universi Dominici Gregis* para regular la celebración del cónclave, una vez que quedara la sede vacante.

—Las reglas no cambian tanto, son tan solo algunas precisiones muy particulares —me detalla Francisco Lombardi, vocero de la Santa Sede.

Por ejemplo, que los cardenales que no participarán en el cónclave por ser mayores de 80 años, tengan más exposición en las reuniones preliminares; además de que se ratifica la excomunión en automático, para quien no respete el juramento de secreto.

Así me lo detalla monseñor José María Gil Tamayo:

—Se establece que quien viole los procesos del secreto del romano pontífice se hace acreedor a la excomunión late sentencia, es decir, que se produce en el mismo momento en que se cometa la falta, el delito—.

Con la renuncia el 25 de febrero de Keith O'Brien, cardenal de Edimburgo, acusado por presuntos abusos sexuales hacía tres décadas, quedaron ciento quince purpurados con derecho a voto.

Un asunto que no debe pasarse por alto, según me explicó monseñor Luigi Celata, es que para elegir al nuevo Papa, el cónclave necesita por lo menos dos tercios de los votos de los cardenales electores.

El día D

La policía se preparó casi desde el momento del anuncio: la Gendarmería, la Guardia Suiza. Los periodistas regresaron, ahora en mayor número.

Con una sencillez que ilumina su cara, el ex secretario particular de Juan Pablo II, canónico de la Basílica de San Pedro, me garantizó que el cónclave sería tranquilo. Aunque es una costumbre que los cardenales electores no comenten con nadie lo relacionado con la sucesión, más cuando pesa el peligro de la excomunión, Emery Cabongo, arzobispo emérito del Congo, accedió a conversar brevemente con esta reportera.

—¿Va a ser una elección difícil? ¿Cómo la vislumbra usted?

—Orando, rezando. Yo estoy rezando para que la elección sea muy fácil.

—¿No está preocupado?

—No, para nada.

—¿Cuántas personas esperan que asistan mañana a la Plaza de San Pedro?

—Más o menos muchas

—¿Miles?

—No, más. La última vez fueron cien mil, mañana más.

Obreros del Vaticano trabajaron a marchas forzadas para alzar las impresionantes columnas donde se colocarían las bocinas para que las palabras llegarán fuertes y claras en todo San Pedro y a la Vía della Conciliazione.

Entre ese trajín llegó el día de la Audiencia General, el último de Benedicto XVI como Sumo Pontífice, con gente ansiosa por entrar y alcanzar un lugar cerca del Papa saliente.

Apareció el hombre y se hizo un silencio entre la multitud. Se dijo cansado para hacer su último recorrido en el famoso "papamóvil". Probablemente fue el acto más conmovedor de todo su pontificado y lo enfrentó sereno y sonriente.

Dijo Benedicto XVI ante el micrófono que llevó su voz a doscientos mil asistentes y a millones a través de las trasmisiones en directo a todo el mundo de la radio y la televisión, "os suplico que os acordéis de mí en vuestra oración y que sigáis pidiendo por los señores cardenales, llamados a la delicada tarea de elegir a un nuevo sucesor en la cátedra del apóstol Pedro".

Era una mañana fría, pero de esas con un sol de invierno que quema. Una mañana con cierto sabor a tristeza, el que siempre acompaña a las despedidas. Seguía Benedicto XVI con su discurso preparado a conciencia:

Muchas gracias por haber venido a esta última Audiencia General de mi pontificado, asimismo, doy gracias a Dios por sus dones y también a tantas personas que con generosidad y amor a la Iglesia, me han ayudado en estos años con espíritu de fe y humildad.

El Papa agradeció también la ayuda recibida de los cardenales de todo el mundo y de la curia vaticana, así como de los embajadores y de los periodistas. Y concluyó su mensaje entre vivas y aplausos:

Mi corazón está colmado de gratitud porque nunca ha faltado a la Iglesia su luz. En este año de la fe, invito a todos a renovar la firme confianza en Dios, con la seguridad de que él nos sostiene y nos ama y así todos sientan la alegría de ser cristianos.

El cardenal Donald Wuerl, de Estados Unidos, me confesó con melancolía:

"Es un momento en cierto sentido triste porque vemos la partida del Santo Padre, pero es también un momento de orar por el futuro y debemos estar abiertos al Espíritu Santo. Es muy emocionante porque es el momento de la partida de una persona que ha dado su vida a la Iglesia. Es triste, también, es un bellísimo ejemplo para todos nosotros".

A la mañana siguiente a la Audiencia General, las calles de Roma amanecieron tapizadas de cartelones: *Rimarrai sempre con noi. Grazie.* (Estarás siempre con nosotros, gracias).

Benedicto XVI se despidió de los cardenales y dejó en claro que no sería la sombra del nuevo pontífice al prometerles "reverencia y obediencia incondicional al próximo Papa".

Y pronunció unas palabras con las que rompió el protocolo pues no eran parte de su discurso, "que el Señor os muestre lo que él quiere. Entre vosotros, entre el Colegio Cardenalicio, está el futuro Papa al cual, desde hoy, prometo mi reverencia incondicionada y obediencia".

Angelo Sodano, el cardenal decano, tomó el timón de la Iglesia durante el periodo de sede vacante. En los jardines vaticanos esperaba el helicóptero que lo llevaría al ahora "Papa emérito" a Castel Gandolfo, en lo que su residencia permanente dentro del Vaticano estaba siendo acondicionada.

Su secretario y Prefecto de la Casa Pontificia, Georg Gan-swein, lo despidió con lágrimas en los ojos, también lo hizo él desde el aire, mientras las campanas de la Basílica de San Pedro doblaban por el Papa que, vivo, dejaba vacante la sede de Pedro.

Viajó ligero, se llevó un par de plumas Mont Blanc, sus libros y un reloj que le dio su hermana antes de morir. Conserva los dos mil libros que trajo a Roma en 1982 y su piano, pues mantiene su gusto por la lectura y por la música.

A su llegada a Castel Gandolfo obsequió una breve declaración para quienes ahí lo esperaban:

> Ya no soy el Sumo Pontífice de la Iglesia Católica. Sólo lo seré hasta las ocho de la noche. Ya no seré Papa sino un simple peregrino que se encamina para su última etapa como peregrino en la tierra, pero aun así me gustaría con todo mi corazón y mi amor, mi oración, mi meditación y mi fuerza interior, trabajar por el bienestar de la Iglesia y de la humanidad. Me siento muy apoyado por su cariño, caminemos juntos con el Señor para el bien de la Iglesia del mundo. Muchas gracias.

El pórtico principal se cerró a su espalda y sus palabras quedaron colgando en el aire.

A las ocho en punto se hizo efectiva la renuncia. A esa misma hora, en sus cuentas oficiales de *Twitter* sus mensajes fueron borrados y en el lugar del usuario colocaron la leyenda "sede vacante". El signo de los tiempos...

¿Pugnas, intrigas y mentiras?

"Dicen que por estos pasillos hay secretos inconfesables, intrigas y mentiras. Dicen también que los cardenales están divididos". José Saravia Martins, cardenal emérito, quien fuera durante más de ocho años prefecto de la Congregación para las Causas de los Santos y ha pasado gran parte de su vida allí, me aclara que "en la Santa Sede no se escribe una novela con pasadizos secretos y personajes misteriosos," paciente, pone en claro lo que se especula fuera de las murallas vaticanas. "Se habla que en la curia romana hay partidos que se pelean. No es verdad, yo he vivido en la curia romana mucho tiempo, he trabajado en la curia romana y no he visto partidos que se peleen entre sí. No, hay una gran libertad, cada uno puede decir lo que piensa. Se discute fraternalmente y se llega a conclusiones".

Cónclave en latín, *cum-clavis*, quiere decir "bajo llave". Las normas de procedimiento, disciplinarias, penales y litúrgicas que regulan el cónclave forman un sistema integral para proteger la libertad de los electores e inmunidad ante las indebidas intromisiones externas. Así que sin pleitos, según el purpurado Saraiva, todos entran al cónclave, libres, sin presiones y sin argucias.

"Mucha gente cree que el cónclave es un misterio y no, es la cosa más normal, más serena, más tranquila. Los cardenales en el cónclave se quedan en la Capilla de Santa Martha, aislados totalmente del mundo exterior. No pueden comunicarse con ninguna persona de afuera para nada, es una cosa muy sabia para evitar interferencias de afuera sobre los cardenales que votan. Por lo tanto, es como una comunidad, el ambiente es magnífico, es un ambiente de fraternidad".

El viernes 8 de marzo, ya con la presencia de los ciento quince cardenales electores, se decidió que el 12 de marzo fuera la fecha para el cónclave.

El cardenal emérito, Javier Lozano Barragán, presidente emérito del Pontificio Consejo para la Pastoral de los Agentes Sanitarios, me detalló el proceso de elección:

"Se les da una lista de todos los cardenales y se les dan una serie de papeletas y el cardenal que preside, el decano y el camarlengo, entonces dicen, 'voten ustedes'. Entonces, cada uno anota en la papeleta a su candidato" escribiendo en el aire el nombre de alguien en una papeleta imaginaria, continúa: "Una vez que hace esta elección, entonces el cardenal que preside los va llamando uno por uno y entonces cada uno de los cardenales, con su papeleta doblada para que nadie la vea, va al inicio de la Capilla Sixtina y muestra la papeleta doblada por encima de la cabeza, a fin de que todo mundo la vea", también está vez imita el gesto. "Llega hasta donde está el juicio de Miguel Ángel y entonces dice: 'ante Dios que me va a juzgar, yo juro que este que he elegido, a mi manera de ver, es el mejor para desempeñar el oficio de Sumo Pontífice'".

El arzobispo emérito de Guadalajara, Juan Sandoval Íñiguez, me confiesa que es válido "cabildear".

"Sí, los cardenales tenemos la facultad y es muy humano, verdad, que cabildeemos para ir formando opinión, conociendo sus cualidades y así garantizar que la elección pueda ser más ágil y rápida. Lo que tenemos prohibido es hacia afuera andar manifestando nuestras preferencias".

La elección del Papa Gregorio X en 1268 les tomó a los

cardenales 34 meses para decidir y esto sólo después de que los habitantes de Viterbo, donde se encontraban reunidos, los encerraran, les redujeran la comida a sólo pan y agua e incluso les quitaran el techo del palacio papal por instrucciones de Carlos de Anjou, rey de Nápoles.

Una de las primeras decisiones de Gregorio X como pontífice fue crear el cónclave y las reglas para la elección de su sucesor.

¡Es Francisco, es Francisco!

El 13 de marzo de 2013, durante el segundo día del cónclave y en la quinta ronda de votación, se produjo la esperada *fumata bianca*.

El humo fue tan blanco que no dejó la menor duda y al escuchar repicar las campañas una emoción colectiva estalló en la Plaza de San Pedro. La gente comenzó a llorar, otros a sonreír y todos emocionados gritaban, "¡viva el Papa!".

En ese instante dejó de llover, se guardaron los paraguas y los romanos corrieron desde distintos sitios de la ciudad para alcanzar a ver en vivo un momento, que dicen, sean católicos o no, les pertenece. Así que los negocios cerraron, las cortinas bajaron y la plaza se llenó de propios para sumarse a los miles de extraños. Llegaron apresurados a pie o en bici. Todos con la emoción en el rostro.

El mundo católico ya tenía Papa, sólo faltaba saber el nombre. Se encendieron las luces al interior del Balcón de las Bendiciones, se observó una sombra y las cortinas de terciopelo rojo se removieron, de entre ellas salió el cardenal

Touran quien anunció el tan esperado *"Habemus papam"* y segundos después lo que todos esperaban, el nombre del sucesor "cardenal Jorge Mario Bergoglio".

Electo por ciento catorce de sus compañeros para ser el sucesor de Benedicto XVI, se anunció que el nuevo pontífice había decidido llamarse a sí mismo para su pontificado: Francisco.

Y así, como si se tratara de un gran estadio, un grito estruendoso emanó desde el corazón de Roma y se escuchó a una sola voz en todos los rincones del planeta, *"Franccesco, Franccesco, Franccesco"*.

Pasaron unos minutos y aún al calor de las aclamaciones, apareció. Era Francisco, sólo Francisco, simple y sencillo como el nombre que había escogido. Un jesuita de 76 años de edad que prefirió prescindir de la parafernalia lujosa: nada de capa; por crucifijo, uno sencillo, poco adornado.

"Buenas noches, hermanas y hermanos. Mis amigos cardenales, me fueron a buscar al fin del mundo". Con esa frase saludó y conquistó los corazones de todos en la Plaza. Pidió que rezaran por él, que él lo iba a hacer por todos. Oró el Padre Nuestro y un Ave María. Se escuchó el susurro espontáneo de miles de fieles que lo acompañaron cada uno en su idioma.

Era la primera vez en la historia que la Iglesia Católica tenía un Papa americano, quizá por eso, al despedirse, casi olvida el italiano y a punto estuvo de decir "buenas noches y buena jornada", ¡en español!

Tras desaparecer del balcón el nuevo pontífice, poco a poco la gente comenzó a retirarse. Un par de mujeres de pelo cano comentaron entre ellas, "¡qué bueno que es de

América!" Dijo la primera, "sí, pero tiene antecedentes italianos" respondió la otra. Ambas rieron y a paso lento se marcharon.

Así comenzó un papado que muchos esperan sea grandioso y de mano firme ante los problemas que vive hoy el mundo y por supuesto, la Iglesia.

¿Quién es Francisco?

De 76 años, arzobispo de Buenos Aires, Jorge Mario Bergoglio es considerado como moderado según una de sus biógrafas, Franscesca Ambrogetti.

"En sus discursos se ha caracterizado por denunciar la pobreza, la corrupción y la crispación política" La biógrafa lo señala como una persona "absolutamente capaz de hacer la necesaria renovación en la Iglesia, sin saltos al vacío".

Reservado, con poco afecto a lo mediático y preocupado por la marginación social, ha gobernado la arquidiócesis de Buenos Aires desde 1998. Cursó estudios secundarios en la Escuela Técnica "Hipólito Irigoyen", donde se graduó de Técnico Mecánico.

Antes de comenzar sus estudios universitarios optó por la vocación católica e ingresó al Seminario de la Orden Jesuítica en Villa Devoto, donde se ordenó sacerdote el 13 de diciembre de 1969.

Astuto, sencillo a ultranza y con una sólida formación política y teológica, siempre buscó pasar como "uno más" dentro de la iglesia argentina. Los fieles acostumbraban verlo viajar en Metro o en más de una ocasión, asistir al futbol en el estadio de su amado San Lorenzo de Almagro.

Hijo de italianos, su padre fue un obrero ferroviario y su madre, ama de casa. Llegó al sacerdocio a los 32 años, casi una década después de perder un pulmón por una enfermedad respiratoria. En menos de cuatro años, llegó a liderar la congregación jesuita local, cargo que ejerció de 1973 a 1979.

Su ascenso coincidió con uno de los períodos más oscuros de Argentina: la dictadura militar, lo que le deparó fuertes críticas ya que algunos lo relacionan como simpatizante de un sector interno del peronismo, al grado de vincularlo con la dictadura argentina.

Aquí la historia de aquella época: Azuzena Villaflor, María Ponce y Esther Ballestrino permanecieron en calidad de desaparecidas durante tres décadas. Antes de que se dejara de saber de ellas, solían reunirse en las puertas de la Iglesia de la Santa Cruz en Buenos Aires junto con otras madres que exigían el retorno de sus hijos que habían sido o estaban desaparecidos. Eran parte de las llamadas "Madres de mayo".

Fue a finales de 1977 cuando se les vio por última vez en una marcha. En esas manifestaciones participaba también un hombre llamado Gustavo Niño, decía ser hermano de otro desaparecido; sin embargo, en realidad era miembro de la Fuerza de Tarea de la Armada argentina. Su verdadero nombre era Alfredo Astiz.

A mediados de 2005 los restos óseos de las mujeres fueron descubiertos en la costa de Santa Teresita. Un grupo de antropólogos forenses comprobó su identidad. (Muchos de los prisioneros políticos argentinos, después de permanecer detenidos en cárceles clandestinas eran atados, amordazados y obligados a subir a aeronaves de la Armada como parte de los "vuelos de la muerte", un plan de exterminio que consistía en lanzarlos con vida al mar).

El cardenal Jorge Bergoglio jugó un papel fundamental en el descubrimiento de esta verdad. Luis Blanco, hijo de una de esas mujeres, asegura que intervino directamente para que los restos de las tres pudieran descansar en paz en la Iglesia de la Santa Cruz. Al futuro Papa lo movía otro hecho: de joven había trabajado con una de ellas, Esther Bellestrino, cuando era químico.

Blanco narra que contó el relato al prelado quien, conmovido hasta las lágrimas, hizo uso de todos los recursos para que los restos fueran depositados en el recinto, en un acto tan emotivo como multitudinario. "La verdad nos hará libres", se leía en un cartel colgado ese día en el altar.

Pese a lo anterior, sus detractores lo han acusado de colaborar con la dictadura militar argentina y lo señalan como el responsable de delatar a dos sacerdotes jesuitas que estaban a su cargo.

Se trata de Orlando Yorio y Francisco Jalics que eran dos curas que trabajaban en los barrios pobres de Buenos Aires. En mayo de 1976 fueron arrestados ilegalmente por la Armada. Durante cinco meses fueron torturados. Lejos de haberlos delatado, fue el activismo del mismo Bergoglio lo que los salvó. Desde el púlpito el cardenal presionó al jefe de la Armada para que fueran liberados, incluso, intervino para que fueran recibidos en Roma.

El padre Francisco Jalics declaró públicamente que para él, esta historia era "un capítulo cerrado"; de hecho, ofició misa con el entonces cardenal y bendijo al nuevo Papa para que pudiera cumplir su encargo.

Frente a las críticas constantes por su papel en aquellos años oscuros de la historia argentina, fue Adolfo Pérez Esquivel, premio Nobel de la Paz 1980 y una víctima más de la dictadura, quien reiterada e insistentemente rechaza cualquier vínculo de Bergoglio con los militares.

Señala que, en efecto, obispos fueron cómplices con el régimen, pero no el cardenal quien, le consta, pidió a la Junta Militar la liberación de prisioneros y sacerdotes, sin que le fuera concedido. De hecho, explica que el propio prelado escondió y ayudó a escapar del país a muchos perseguidos políticos durante esos años. En 2010 también se enfrentó al gobierno de la presidenta Cristina Fernández de Kitchner cuando la mandataria impulsó una ley para permitir el matrimonio entre personas del mismo sexo. "No se trata de una simple lucha política. Es la pretensión destructiva al Plan de Dios", escribió Bergoglio en una carta, días antes de que el proyecto fuera aprobado por el Congreso.

El nuevo Papa no proviene de las corrientes progresistas ni de la teología de la liberación. Es, en realidad, una sorpresa en la silla de Pedro.

Un detalle más que retrata al personaje: Como relaté en páginas anteriores, el Anillo del Pescador que utiliza cada Papa se confecciona con el oro del anillo destruido de su antecesor. Al haber renunciado a su encargo Benedicto XVI y no fallecido, su anillo solo fue inutilizado marcándole a cincel una cruz sobre el sello. Francisco ordenó que su anillo no fuera confeccionado en oro, sino en plata dorada. En latín, la plata se llama *argentum,* palabra que dio origen al nombre de Argentina.

El proceso de la canonización

En un hecho sin precedentes, el proceso de canonización reunió a tres Papas: a Juan Pablo II cuya vida y obra ejemplares permitieron que fuera considerado beato; a Benedicto XVI quien dispensó trámites e impulsó la causa y a Francisco quien, una vez cumplidos todos los requisitos, puso pronta fecha para la celebración en la que Wojtyla sería llevado a los altares.

En una misa que se celebró en la Plaza de San Pedro en 2007, en el segundo aniversario luctuoso del "Papa peregrino", Benedicto XVI dio por concluida la primera fase del proceso de canonización y le concedió el título de Siervo de Dios. El 19 de diciembre de 2009, el Santo Padre lo declaró venerable y con ello confirmó que la evidencia examinada demostró que su persona tuvo una vida virtuosa.

El Derecho Canónico establece que para que alguien pueda ser canonizado, es necesario demostrar un segundo milagro que debe ocurrir después de ser proclamado beato. Para este caso se optó por el caso de la sanación de Floribeth Mora.

Se trata de una mujer costarricense de 50 años, madre de cuatro hijos, que fue sanada de un aneurisma cerebral por un milagro atribuido al beato Juan Pablo II. El 14 de abril de 2011, le fue diagnosticado el mal y su médico, Alejandro Vargas, le dio muy pocas expectativas de vida.

Mora nunca perdió la fe y el 1° de mayo de 2011 siguió por televisión toda la ceremonia de beatificación de Juan Pablo II, a pesar de que los medicamentos la hacían dormir por muchas horas.

"Al siguiente día, cuando desperté, escuché una voz que me dijo 'levántate, no tengas miedo'" y a partir de ese momento, los fuertes dolores de cabeza desaparecieron. El 11 de noviembre de 2011 el reporte médico confirmó que ya no había aneurisma y la lesión cerebral había desaparecido.

Floribeth cree ciegamente en el prodigio de su curación; el 5 de julio de 2013, cuando fue presentada ante los medios, dijo con fervor:

> Es un milagro concedido por Dios a través de la intercesión de Juan Pablo II. Las explicaciones médicas no existen. Yo soy el testimonio de que Dios existe y que él es muy grande. Dios está presente y no me bendijo a mí, bendijo a Costa Rica y al mundo entero.

Este proceso de canonización ha sido catalogado como uno de los más cortos de la historia moderna de la Iglesia Católica ya que el 1° de mayo de 2011 fue beatificado y dos años después, el 5 de julio de 2013, el papa Francisco firmó el decreto que la autorizó.

Meses después, el 30 de septiembre de ese mismo año, el papa Francisco anunció que los papas Juan Pablo II y Juan XXIII serían canonizados el 27 de abril de 2014 y se convertiría así, junto con Pío X, en los únicos pontífices proclamados santos en los últimos 100 años.

La fecha elegida correspondió al primer domingo después de las celebraciones de la Semana Santa, cuando la Iglesia católica celebra la fiesta de la Divina Misericordia. Una fiesta que instituyó el propio Karol Wojtyla tras hacer santa en el año 2000 a la monja polaca Faustina Kowalska, conocida como la Santa Teresa de Jesús polaca.

En cuanto a Juan XXIII, el papa Francisco, quien en numerosas ocasiones resaltó la figura del "Papa Bueno", sorprendió al anunciar que lo proclamaría santo sin esperar un segundo milagro, en una decisión inédita. El portavoz de la Santa Sede, Federico Lombardi, afirmó que no existen dudas sobre su santidad.

"Conocemos todos las virtudes y la personalidad del papa Roncalli, por lo que no es necesario explicar los motivos de su santidad" dijo Lombardi, aunque precisó que ello no quiere decir que a partir de ahora todos los beatos serían canonizados sin un segundo milagro.

La santificación de Juan Pablo II y de Juan XXIII se produjo en el 50 aniversario de la apertura del Concilio Vaticano II, convocado por Roncalli, aquel papa del norte de Italia al que todos consideraban un papa de "transición". El Concilio Vaticano II abrió la Iglesia al mundo y a los humildes y esa es considerada su más grande aportación.

El domingo de los cuatro Papas

Aunque la ceremonia comenzó pasadas las diez de la mañana, los peregrinos comenzaron a hacer su entrada a la Plaza de San Pedro durante la madrugada, a las cinco y media. La plaza y sus alrededores fueron despejados en su totalidad desde la noche del sábado por motivos de seguridad.

Para evitar avalanchas entraron ordenadamente en grupos controlados por equipos de Protección Civil, ayudados por veintiséis mil voluntarios que colaboraron en una jornada única. La mayor parte de ellos, igual que la mayoría de los diez mil miembros de las fuerzas del orden, no pudieron ver nada de la ceremonia, pero facilitaron la alegría de un millón de peregrinos.

Ante un millón, en persona, en Roma y ante más de mil millones de espectadores en todo el mundo, el papa Francisco proclamó santos a sus dos grandes predecesores del siglo XX, que desde aquel día se llaman ya San Juan Pablo II y San Juan XXIII.

Fue el domingo de la Divina Misericordia, el domingo que será recordado por siempre como el "Día de los cuatro Papas".

El primero en llegar a la Plaza de San Pedro fue el papa emérito Benedicto XVI revestido de los ornamentos litúrgicos y caminando con cierta dificultad, pero luciendo una espléndida sonrisa de satisfacción. Fue recibido con un aplauso atronador, que resonó por toda la ciudad, desde donde los peregrinos seguían el acontecimiento a través de diecisiete pantallas gigantes de televisión. El fenómeno se repitió cada vez que las pantallas gigantes mostraban de vez en cuando su rostro mientras hacían su entrada en la plaza otros invitados.

El cielo cubierto de nubes y la llovizna no lograron nunca enfriar los ánimos. La llegada del papa Francisco desencadenó el segundo momento de entusiasmo al filo de las diez de la mañana. Después de besar el altar y ahumarlo de incienso, el Papa Bergoglio se desplazó hasta el lugar donde estaba Benedicto XVI junto a los ciento cincuenta cardenales concelebrantes, para darle un gran abrazo.

El rito de la canonización precedió a la misa que ofició al lado de mil obispos y seis mil sacerdotes. La homilía que el papa Francisco dedicó a los dos nuevos santos, San Juan XXIII, "el Papa de la docilidad al Espíritu Santo" y san Juan Pablo II, "el Papa de la familia", fue corta pero contundente y en ella habló del futuro de la Iglesia.

El Santo Padre aseguró que "son los santos quienes hacen crecer la Iglesia" y añadió que ambos "fueron hombres valientes que dieron testimonio ante la Iglesia y el mundo de la voluntad de Dios. Las llagas de Jesús son un escándalo para la fe, pero son también la verificación de la fe, por eso no desaparecen en el cuerpo de Cristo crucificado. Juan XXIII y Juan Pablo II tuvieron el valor de mirar las heridas de Jesús. No se avergonzaron de la carne de Cristo; en cada persona que sufre veían a Jesús. En estos dos hombres contemplativos de las llagas de Cristo había una esperanza viva junto a un gozo inefable", manifestó.

La ceremonia tuvo su punto culminante en la solemne declaración papal, pronunciada en latín, "en honor de la Santísima Trinidad (...) con la autoridad de nuestro Señor Jesucristo, de los santos Apóstoles Pedro y Pablo y la nuestra (...), declaramos y definimos santos a los beatos Juan XXIII y Juan Pablo II".

La explosión de júbilo fue sobrecogedora. Fue un momento de emoción vivísima para todas las personas en la Plaza y para la muchedumbre que se extendía por todos los alrededores hasta el río Tíber. Entre los peregrinos predominaron los jóvenes pero hubo también muchas personas mayores que afrontaron las incomodidades para estar, a cualquier precio, junto a "sus" Papas en ese histórico momento.

Entre las personalidades destacas estuvieron el presidente de la República Italiana, Giorgio Napolitano, quien a su llegada se acercó a saludar a Benedicto XVI, como lo hizo antes una persona menos conocida: Sor Tobiana, la religiosa y enfermera que cuidó de Karol Wojtyla durante toda su vida desde que era arzobispo de Cracovia y quien recibió sus últimas palabras antes de expirar, "dejadme ir a la casa del Padre".

Además de por lo menos veinticuatro jefes de Estado y delegaciones oficiales de casi un centenar de naciones, también estuvieron representantes y líderes de otros credos religiosos. La ceremonia fue única por muchos motivos. En primer término por su emotividad y en segundo por la canonización simultánea de dos Papas, en la presencia de otros dos: uno en funciones y otro emérito. Se trató de una convivencia sin precedentes.

El relicario de Juan XXIII, con un fragmento de su piel desprendida durante su exhumación, fue presentado al Papa Francisco por cuatro miembros de la familia Roncalli. A su vez, el relicario de Juan Pablo II, una ampolleta con sangre, fue llevado por Floribeth Mora, la costarricense curada milagrosamente del aneurisma cerebral, acompañada de su marido Edwin.

Con Juan XXIII y Juan Pablo II son ochenta los pontífices que han sido elevados a los altares, de un total de doscientos veintiséis, en toda la historia de la Iglesia católica. Los días designados para su veneración son a partir de ese día el 11 de octubre y el 22 de octubre, respectivamente.

Por último, ante el escepticismo de algunos, rescato lo que Floribeth Mora, la beneficiaria del segundo milagro atribuido a Juan Pablo II, dijo a los periodistas, días antes de la canonización, cuando le preguntaron si no había gente que desconfiara y que la tomara por loca. Floribeth soltó sin más, "¡claro que hay gente que me toma por loca, pero bendita sea esta locura, porque estoy sana y estoy aquí!".

Los otros milagros

Felipe López Sánchez mantiene el recuerdo intacto. Durante la primera visita del papa Juan Pablo II a México, en 1979, su abuela lo vistió de San Martín de Porres e hizo una manda pidiéndole a Dios que le hiciera el milagro de que hablara. A pesar de haber consultado a muchos médicos, ninguno había encontrado una razón científica por la que Felipe jamás hubiera pronunciado palabra alguna.

En medio de la multitud, la señora Margarita se abrió paso con el pequeño. Su Santidad la observó y pidió que le pasaran al niño, lo alzó en sus brazos, bendijo un crucifijo y lo llevó consigo al interior de la delegación apostólica.

"Un diácono me sacó a la calle. Y cuando vi a mi abuelita, le grité, '¡Abuelita!' Ella no pudo contener las lágrimas de la emoción al verme hablar" relata emocionado, a 35 años de distancia.

No es el único caso. Pedro Rivera estaba por cumplir 25 años en 1978, el año previo a esa primera visita papal. Estaba recién egresado de la Facultad de Química de la UNAM y trabajaba en la Universidad de Chapingo, como profesor-investigador.

Imbuido por el carisma de Su Santidad, dejó todo y se ordenó sacerdote. En la segunda visita del Papa polaco, en 1990, tuvo la dicha de ser elegido diácono en la beatificación de Juan Diego. Años más tarde, volvió a estar a su lado.

"Pasamos a su biblioteca y lo saludé. Tengo gratos recuerdos de ese día ya que le mostré una foto de ese momento en que le serví como diácono".

Al paso del tiempo, monseñor Rivera se convirtió en Capellán de la Antigua Basílica de Guadalupe. Para él, el Santo Padre era un ser humano fuera de serie y considera que era un santo en vida. Asegura que no lloró su partida y confía en volver a encontrarse con él, en un futuro no muy lejano.

Epílogo

"Me voy, pero no me voy".

Ese fue el mensaje del Papa Juan Pablo II en su despedida, durante la última visita que realizó a nuestro país en 2002 y nada más cierto.

México y Karol Wojtyla se adoptaron mutuamente. Desde aquel beso que depositó en suelo azteca en su primera estancia y la frase, "México, siempre fiel"; hasta la respuesta de los fieles mexicanos expresada en porras como "Juan Pablo, segundo, te quiere todo el mundo", "Juan Pablo, amigo, el pueblo está contigo" y "Juan Pablo, hermano, ya eres mexicano".

Lolek nunca se amedrentó ante la adversidad: la pérdida de sus padres y hermanos; el yugo de las dictaduras nazi y soviética, nunca minaron su espíritu, por el contrario, lo forjaron en el amor a los demás. Se convirtió así en interlocutor entre el pueblo y la intransigencia de la época.

Ése fue el papel que desempeñó durante toda su vida sacerdotal y como máximo líder de la Iglesia Católica mundial durante sus 26 años y cinco meses de pontificado –el segundo más largo en la historia–.

En ese periodo viajó 1, 247, 613 kilómetros, distancia equivalente a 3.24 veces la distancia entre la Tierra y la Luna. Realizó 104 viajes fuera de Italia lo que implicó que estuvo fuera de El Vaticano 822 días, es decir, más de dos años y tres meses. Leyó más de 20,000 discursos, unas 100,000 páginas. Celebró más de 1,160 audiencias en la Santa Sede que fueron presenciadas por más de 17,000,000 de personas.

Publicó más de un centenar de documentos importantes, entre ellos 14 encíclicas, 14 exhortaciones apostólicas, 11 constituciones apostólicas y 42 cartas apostólicas. Elevó a los altares a 1,338 beatos y canonizó a 482. Nombró a 231 cardenales y a 3,300 obispos.

Se entrevistó con 1,590 jefes de Estado o de Gobierno. Al inicio de su pontificado, la Santa Sede tenía relaciones diplomáticas con 85 países; al final, el número creció a 174.

Progresista, comprensivo y reformista, el doctor Wojtyla acompañó los cambios que sufrió el mundo y supo adaptarse a ellos. Vio a naciones alcanzar su libertad, influyó en la caída del Muro de Berlín, símbolo del fin de la división de Europa y promovió el ecumenismo, el diálogo entre las distintas religiones.

Su sonrisa, su carisma, su dolor y sus lágrimas son parte de la historia del planeta durante el último siglo y esto quedó confirmado el 27 de abril 2014 con su llegada a los altares.

Y es que siempre fue un santo. A través de él se veía a Dios. Era la imagen de Dios a través de un hombre.

"Nunca pierdan la fe.
No pierdan el corazón ni se desanimen.
No pierdan la libertad de pensamiento
con la que Cristo los hace libres.
Estaré con ustedes, cada día hasta el fin".

JP II

Contacto

Twitter: @HanniaNovell